编委会

一流高职院校旅游大类创新型
人才培养"十三五"规划教材

顾 问

郑 焱　　湖南师范大学教授、博士生导师
　　　　　湖南省旅游首席专家团专家

许春晓　　湖南省旅游研究院常务副院长
　　　　　湖南师范大学旅游学院副院长，教授、博士生导师

总主编

江 波　　湖南省职业教育与成人教育学会高职旅游类专业委员会秘书长，教授

编 委（排名不分先后）

陈 朝　　陈晓斌　　韩燕平　　刘韵琴　　李 蓉
皮 晖　　覃业银　　王志凡　　伍 欣　　肖 炜
叶 宏　　余 芳　　翟 丽

一流高职院校旅游大类创新型人才培养"十三五"规划教材

总主编 ⊙ 江 波

出境旅游领队实务

Practice of Outbound Tour Leaders

主　编 ◎ 翟　丽　　丁佳胤
副主编 ◎ 谢　敏　　江　莲　　徐　眩　　门利娟　　刘　强
参　编 ◎ 李　好　　朱　茜　　陈　果　　钟　娜　　王　琨
　　　　　王海波　　范　豪　　李飞跃

华中科技大学出版社
http://www.hustp.com
中国·武汉

内 容 提 要

本书结合旅游行业需求及我国高职高专人才培养目标,以项目引领和任务驱动的形式全面地介绍了领队的操作实务。全书共分为九个项目,主要介绍了出发前准备、中国出境服务、隔离区和飞机上服务、他国入境、他国(地区)离境及隔离区服务等内容。本书由高职高专一线教师、旅行社导游部门负责人和资深领队共同编写而成,在内容的编排和案例的选取上,注重将理论知识和技能训练适度结合,包括经典真实的任务导入、翔实的任务解析、全面的知识链接和循序渐进的任务拓展,通俗易懂,实用性强。

本书可作为旅游管理、导游、领队、旅行社经营管理、景区开发与管理等专业的教材,也可作为领队相关培训用书和参考书,同时也是领队从业人员理想的自学读物。

图书在版编目(CIP)数据

出境旅游领队实务/翟丽,丁佳胤主编.—武汉:华中科技大学出版社,2018.8(2025.1重印)
一流高职院校旅游大类创新型人才培养"十三五"规划教材
ISBN 978-7-5680-4351-9

Ⅰ.①出… Ⅱ.①翟… ②丁… Ⅲ.①国际旅游-旅游服务-高等职业教育-教材 Ⅳ.①F590.63

中国版本图书馆 CIP 数据核字(2018)第 181718 号

出境旅游领队实务 翟 丽 丁佳胤 主编
Chujing Lüyou Lingdui Shiwu

策划编辑:周 婵
责任编辑:封力煊
封面设计:杨小川
责任校对:刘 竣
责任监印:周治超
出版发行:华中科技大学出版社(中国•武汉)　电话:(027)81321913
　　　　　武汉市东湖新技术开发区华工科技园　邮编:430223
录　排:华中科技大学惠友文印中心
印　刷:广东虎彩云印刷有限公司
开　本:787mm×1092mm　1/16
印　张:11.75　插页:2
字　数:280千字
版　次:2025年1月第1版第4次印刷
定　价:39.00元

本书若有印装质量问题,请向出版社营销中心调换
全国免费服务热线:400-6679-118　竭诚为您服务
版权所有　侵权必究

总 序

全域旅游时代,旅游业作为国民经济战略性支柱产业与改善民生的幸福产业,对拉动经济增长与满足人民美好生活需要起着重要作用。2016年,我国旅游业总收入达4.69万亿元,旅游业对国民经济综合贡献高达11%,对社会就业综合贡献超过10.26%,成为经济转型升级与全面建成小康社会的重要推动力。"十三五"期间,我国旅游业将迎来新一轮黄金发展期,旅游业消费大众化、需求品质化、竞争国际化、发展全域化、产业现代化等发展趋势将对旅游从业人员的数量与质量提出更高的要求。因此,如何培养更多适合行业发展需要的高素质旅游人才成为旅游职业教育亟待解决的问题。

2015年,国家旅游局联同教育部发布《加快发展现代旅游职业教育的指导意见》,提出要"加快构建现代旅游职业教育体系,培养适应旅游产业发展需求的高素质技术技能和管理服务人才",标志着我国旅游职业教育进入了重要战略机遇期。同年,教育部新一轮的职业教育目录调整,为全国旅游职业教育专业群发展提供了切实指引。高职院校专业群建设有利于优化专业结构、促进资源整合、形成育人特色。随着高职教学改革的逐渐深入,专业群建设已成为高职院校迈向"一流"的必经之路。教材建设是高职院校的一项基础性工作,也是衡量学校办学水平的重要标志。正是基于旅游大类职业教育变革转型的大背景以及高职院校"争创一流"时机,出版一套"一流高职院校旅游大类创新型人才培养'十三五'规划教材"成为当前旅游职业教育发展的现实需要。

为此,我们集中了一大批高水平的旅游职业院校的学科专业带头人和骨干教师以及资深业界专家等,共同编写了本套教材。

本套教材的编写力争适应性广、实用性强、有所创新和超越,具备以下几方面的特点。

一是定位精准、具备区域特色。教材定位在一流高职培养层次,依托高职旅游专业群,突出实用、适用、够用和创新的"三用一新"的特点。教材编写立足湖南实际,在编写中融入湖南地方特色,以服务于区域旅游大类专业的建设与发展。

二是教材建设系统化。本套教材计划分批推出30本,涵盖目前高等职业院校旅游大类开设的大部分专业课程和院校特色课程。

三是校企合作一体化。教材由各高职院校专业带头人、青年骨干教师、旅游业内专家组成编写团队,他们教学与实践经验丰富,保证了教材的品质。

四是配套资源立体化。本套教材强化纸质教材与数字化资源的有机结合,构建了配套的教学资源库,包括教学课件、案例库、习题集、视频库等教学资源。强调线上线下互为配套,打造独特的立体教材。

希望通过目这套以"一流高职院校旅游大类创新型人才培养"为目标的教材的编写与出版,为我国高职高专旅游大类教育的教材建设探索一套"能显点,又盖面;既见树木,又见森林"的教材编写和出版模式,并希望本套教材能成为具有时代性、规范性、示范性和指导性,优化配套的、具有专业针对性和学科应用性的一流高职院校旅游大类教育的教材体系。

湖南省职业教育与成人教育学会
高职旅游类专业委员会秘书长
湖南省教学名师
江波　教授
2017 年 11 月

前 言

随着我国经济体制改革的不断深入，旅游业成为我国的朝阳产业和支柱产业。同时，受到国际国内经济持续向好、人民币汇率稳步提升、目的地国家和地区签证门槛日渐降低等因素的影响，我国公民出境旅游目的地已经遍布世界各地，无论是出境人次数还是消费能力都达到了历史新高。旅游业的发展，也对出境旅游领队人员的知识结构和业务素质提出了更高的要求。为了满足出境旅游市场的需求和进一步提高出境旅游领队人员的综合素质，本书的编写紧扣"准确性、实用性、前沿性"原则，作者团队既有来自各大旅游院校从事旅游教学经验丰富的教师，又有经验丰富的资深领队。

本书在内容的选择上，依据出境旅游领队的工作流程，结合真实案例，编者精心设计任务导入和任务拓展环节；在语言表达上，与以往教材不同，根据学生的认知能力，表述深浅适度，通俗易懂。同时，为了拓宽学生的相关知识面，加入了许多直观并且实用的图片、相关资料和二维码，既提高了学生的学习兴趣，又便于教师课堂教学设计和应用。

本书由湖南交通职业技术学院翟丽、国家高级导游丁佳胤担任主编；湖南交通职业技术学院江莲，湖南海外旅游有限公司导游管理中心总经理刘强，长沙商贸旅游职业技术学院门利娟、谢敏，岳阳职业技术学院徐眩担任副主编；长沙商贸旅游职业技术学院李好、朱茜，湖南交通职业技术学院钟娜，资深导游陈果，湖南华天旅游有限公司导游中心经理王锟，湖南海外旅游有限公司资深领队王海波，湖南省同程亲和力旅游国际旅行社有限公司资深领队范豪担任参编。具体编写分工如下：江莲、刘强、范豪编写项目一和项目四，丁佳胤和翟丽编写项目二和项目三，谢敏、门利娟编写项目五和项目八，徐眩、王锟编写项目六，陈果和翟丽编写项目七，李好、王海波编写项目九，朱茜编写附录。最后，由翟丽、丁佳胤和钟娜统稿定稿。

编 者

2018 年 1 月

目 录

项目一 认识领队工作

工作任务一 认识出境领队 /1
工作任务二 出境游与领队队伍的发展 /7

项目二 出发前的准备

工作任务一 接受带团任务 /17
工作任务二 召开行前说明会 /28
工作任务三 准备团队资料及领队行装 /36

项目三 中国出境服务

工作任务一 团队集合 /42
工作任务二 办理乘机手续 /47
工作任务三 团队通关 /49

项目四 隔离区和飞机上服务

工作任务一 隔离区服务 /55
工作任务二 飞机上的服务 /60

项目五 他国(地区)入境服务

工作任务一 办理入境手续 /66
工作任务二 领取托运行李及办理海关检查 /70

项目六　他国(地区)境内服务

工作任务一　与当地导游会合　　/75
工作任务二　入住酒店与房间安排　　/77
工作任务三　与地陪导游商定日程并商量相关事宜　　/83
工作任务四　随团服务　　/89
工作任务五　其他相关服务　　/96

项目七　他国(地区)离境及隔离区服务

工作任务一　办理乘机手续　　/103
工作任务二　确认海关退税　　/111

项目八　中国入境服务

工作任务一　通过卫生检疫及边防检查　　/114
工作任务二　领取托运行李　　/119
工作任务三　接受海关查验　　/121
工作任务四　欢送团队　　/123

项目九　相关后续服务

工作任务一　团队报账　　/126
工作任务二　处理相关后续问题　　/129
工作任务三　保持与游客的联系　　/133

附录A　领队常用英语词汇　　/136
附录B　旅行社出境旅游服务规范　　/149
附录C　部分国家出入境卡、海关申报单、
　　　　　健康卡填写中英文对照　　/159

参考文献　　/180

项目一
认识领队工作

◇ 知识目标

1. 掌握出境领队的概念。
2. 了解领队应具备的知识结构和能力指标。
3. 掌握领队资格的准入条件。
4. 了解领队的作用。
5. 了解中国出境游的发展趋势。
6. 了解领队职业的发展趋势。

◇ 能力目标

1. 能对领队职业有正确的认知。
2. 能具备一定的职业规划的能力。

◇ 素质目标

1. 培养学生的服务意识。
2. 提升可持续学习的能力。

 工作任务一　认识出境领队

2015年版《中华人民共和国职业分类大典》中纳入了"旅游团队领队"、"旅行社计调"、"旅游咨询员"、"休闲农业服务员"等4项新职业,这标志着上述职业身份在国家职业体系中得以确立。

任务导入

××旅行社导游小张经常看见同事在朋友圈分享去各地带团的照片,如去澳大利亚或者去欧洲带团。小张知道这是领队的工作,她也很羡慕这样一份工作。导游小张对这份工作该有个什么样的正确认识呢?

任务解析

1. 小张首先需了解什么是领队,有些什么样的类型。
2. 小张需要知道怎样才能获得领队的资格。
3. 小张需要清楚要成为一名出色的领队需要具备什么样的能力。
4. 小张需要思考一个优秀的领队仅仅只需要带团吗?领队的作用有哪些?

相关知识

一 领队的概念

出境旅游领队又被称为海外领队,就是照顾海外出游团队、提供相关服务并担当领队角色的人员。作为出境游的灵魂人物,海外领队也是旅游团队的指挥者、领导者、组织者、领袖人物及核心。其主要的任务就是负责维护好我国组团社的权益以及旅游团队游客的安全及合法权益,是旅行社派往境外的合法代表。

中国旅游界对"领队"的认知最早是从入境游开始的,1983年出现的港澳探亲游领队是中国旅行社行业中最早的出境游领队。随着中国经济的持续增长和国民收入水平的迅速提高,中国出境旅游市场的发展出现了前所未有的变化,截至2014年,中国已批准150个国家和地区为中国公民出境旅游目的地。我国公民目前参加的出境旅游,主要还都是保持以团队旅游形式为主,因此,领队作为出境旅游团队的核心人物是不可缺少的。

境外旅行社对"领队"的叫法多种多样,并不相同,有"Tour Leader"、"Tour Escort"、"Tour Conductor"、"Tour Manager"等多种称呼。在日本的旅行社,领队被称为"随员"。对领队的各种不同的称呼,显示出人们对领队功能的认识略有偏差。"Tour Leader"和"Tour Manager"的称呼,倾向于领队对旅游团的责任;"Tour Escort"、"Tour Conductor"和"随员"的称呼,则更倾向于领队的服务功能。各国的领队虽然名称不同,但所从事和承担的工作却大致一样。领队作为出境旅游团的带队人,受旅行社指派,所要完成的都是要保证旅游团平稳运行的工作。

2002年7月27日,国家旅游局首次发布《旅行社出境旅游服务质量》,将"出境游领队"定义为"依照规定取得领队资格,受组团社委派,从事领队业务的工作人员"。领队全权代表组团社带领旅游团出境旅游,督促境外接待旅行社和导游人员等方面执行旅游计划,并为旅游者提供出入境等相关服务。按照《中国公民自费出国旅游管理暂行办法》中的相应规定,结合我国《旅游法》,出境旅游领队,简称海外领队,是指持有导游证,具有相应的学历、语言能力和旅游从业经历,并与具有出境旅游业务经营权的国际旅行社订立劳动合同,接受其委派,从事出境旅游领队业务的人员。

二、领队的知识结构与能力指标

领队的工作非常复杂,是综合能力的体现,或者说是各种能力的综合。常规的工作包括协助游客办理出入境手续,协调游客食、住、行、游、购、娱等各项内容,这些工作内容要求领队必须具备一定的职业能力。

(一)知识结构

整体而言,领队职业所需的知识体系包括以下几个方面。

(1)基本文化知识素养。例如,自然知识、生态常识和社会经济文化方面的知识。

(2)专业知识。例如,旅游者心理和行为学知识、人际沟通和跨文化沟通知识、公关协调知识、旅游中的护理和急救知识。

(3)业务知识。例如,带团技巧、导游语言。

(4)跨专业知识。随着旅游业高速发展和人们旅游方式的改变,拥有跨专业知识的领队越来越受到高端旅游团体的青睐,如园林、科普、专项文化、多语种等。

(二)能力指标

职业能力是人们成功从事某一特定职业活动所必备的一系列稳定能力特征和素质的总和,包括职业品质、职业知识和职业技能。表1-1以职业品质、职业知识和职业技能为核心类属,构建了出境领队人才的职业能力指标体系。

表1-1 领队人才的职业能力指标体系

一级指标	二级指标	含义
职业品质	爱岗敬业	热爱导游行业
		能严格遵守国家和公司的规章制度
		有良好的职业道德和职业使命感
		较强的责任感和服务意识

续表

一级指标	二级指标	含　义
职业品质	身体素质	良好的仪容仪表
		强健的体魄
	心理素质	能够在压力较大的情况下保持良好的工作状态
		容易适应不断变化的环境和客观条件
职业知识	领队业务知识	熟悉出入境工作流程
		能熟练帮助游客填写出入境卡
	法律法规知识	了解目的地的旅游政策、海关规定等
	目的地国家知识	了解目的地国主要景区景点知识
		能协调游客的食、住、行、游、购、娱等各项内容
		了解目的地国历史、文化、民俗等知识
职业技能	英语应用能力	日常生活和工作现场口译,反应迅速、翻译达意流利
	线路规划与设计	能对境外的旅游线路进行优化
	英语应用能力	用英语和外国人面对面交谈,进行简单的社会交往
	跨文化交际能力	阅读与日常生活和商旅有关的英文公示语、英语资讯、英文报纸、英文资料等
		能克服文化差异,运用合适的交际策略解决问题、实现交际目标
	人际交往能力	善于与人沟通交往
	应变能力	处事不惊,反应迅速、行事果敢
		有团队精神,善于团结合作
		良好的组织协调能力

三　领队资格的认定

在 1996 年颁布的《旅行社管理条例》(以下简称《条例》)第 25 条中规定,旅行社为接待旅游者聘用的导游和为组织旅游者出境旅游聘用的领队,应当持有省、自治区、直辖市以上人民政府旅游行政管理部门颁发的资格证书。不过,当时《条例》并没有出台关于考取领队证的细化条款,导致各省市领队人员的准入缺乏统一标准。

2013 年我国《旅游法》出台后,领队证的申领条件才被严格确定下来,其中首次明确申请领队资格的人员必须具备导游证。"但这一规定造成了业界对领队证认识上的混乱,例如符合条件的导游是不是只要申请就可以取得领队证,不再需要考试? 领队证要怎么申请、向谁申请?"李广指出。由于我国《旅游法》针对上述问题没有给出明确答案,因此在其出台的这 3 年时间里,各省市地区对领队证的申领、发放"各自为政":有的地方是行管部门组织考试核发,有的地方是旅行社核发向行管部门备案,有的地方是由旅行社自行核发。

2016年，我国修正后的《旅游法》取消了"领队资格"行政许可。2017年3月，国务院修改发布的《旅行社条例》，以及2016年12月12日国家旅游局令第42号修改公布的《旅行社条例实施细则》进一步明确领队管理由资格准入制改为备案管理制，旅游主管部门不再对领队从业进行行政审批。

我国沿用多年的领队证虽然正式退出历史舞台，但是，为贯彻实施有关旅游法律、法规和规章，领队管理有如下要求。

(一) 关于领队人员学历、语言能力、从业经历条件的认定

(1) 大专以上学历。包括普通高校、成人高考、自考及国家承认的其他形式的具有大专及以上的同等学力。

(2) 语言能力。符合下列情形之一：

① 通过外语语种导游资格考试；

② 取得国家级发证机构颁发的或国际认证的、出境旅游目的地国家(地区)对应语种语言水平测试的相应等级证书。

(3) 从业经历。符合下列情形之一：

① 两年以上旅行社业务经营经历；

② 两年以上旅行社管理经历；

③ 两年以上导游从业经历。

(二) 关于边境旅游领队、赴台旅游领队的条件

(1) 边境旅游领队。从事边境旅游领队业务的人员，应取得导游证，并与委派其从事领队业务的、取得边境旅游业务经营许可的旅行社订立劳动合同，学历、语言、从业经历等条件由边境地区省、自治区结合本地实际另行规定。

(2) 赴台旅游领队。从事大陆居民赴台湾地区旅游领队业务的人员，应符合《大陆居民赴台湾地区旅游管理办法》规定的要求，暂不实施在线备案。

(三) 关于领队备案、取消备案流程

(1) 与出境社、边境社签订劳动合同并通过"全国旅游监管服务平台"完成换发电子导游证的导游，登录自己的平台账号上传本人的学历证书、语言等级证书及劳动合同的扫描件。

(2) 出境社、边境社登录"全国旅游监管服务平台"使用"领队备案管理"功能，将符合条件的导游备案为领队。

(3) 出境社、边境社取消领队备案的，可登录"全国旅游监管服务平台"使用"取消备案"功能取消领队备案。

领队应当对其填报、提供的学历、语言能力、从业经历等材料的真实性负责,旅行社应当严格审核领队填报、提供的有关材料。不具备领队条件的人员隐瞒有关情况或者提供虚假材料取得领队备案、从事领队业务的,由旅游主管部门对领队依照不具备领队条件从业、对旅行社依照委派不具备条件的领队的有关规定予以处理。

拓展阅读

取消领队资格审批意味着什么?

2016年11月7日,《全国人民代表大会常务委员会关于修改〈中华人民共和国对外贸易法〉等十二部法律的决定》由中华人民共和国第十二届全国人民代表大会常务委员会第二十四次会议通过,自公布之日起施行。其中,对我国《旅游法》第41条、第96条、第98条至第103条的相关规定做了修改,取消了领队资格审批。这是我国《旅游法》实施3年来首次进行修改。

据介绍,此次对我国《旅游法》相关条款做出修改,是为了落实十二届全国人大一次会议通过的《关于国务院机构改革和职能转变方案的决定》和2016年1月13日国务院第119次常务会议取消"领队资格"行政许可决定的精神,依法推进行政审批制度改革和政府职能转变,提高审批效率,不断提高政府管理科学化、规范化水平。

1. 行家有话说

国家旅游局相关负责人表示,按照《国务院关于印发2016年推进简政放权放管结合优化服务改革工作要点的通知》(国发〔2016〕30号)要求,国家旅游局把深化简政放权、放管结合、优化服务改革放在突出位置,主要领导亲自抓,鼓励地方积极探索创新,着力抓好各项改革任务的落实。取消领队资格审批,是推进简政放权、放管结合、优化服务改革工作的务实之举,有利于进一步激发旅游创业创新的市场活力。

北京第二外国语学院教授韩玉灵介绍,20世纪90年代以前,我国没有专职领队,"领队"一词首次在旅游法规中出现,是在1996年颁布的《旅行社管理条例》第25条中,此后在《中国公民自费出国管理暂行办法》中规定,团队须在领队带领下进行旅游。2000年,国家旅游局全面实行领队制度。随着我国出境旅游快速发展,领队人员需求急剧增加,但领队业务本质上依然是导游业务。本次取消领队资格的行政许可,有利于调动导游从业人员的积极性。

2. 简政被点赞

青海康辉国际旅行社的副总经理、北京凯撒国际旅行社的资深领队都认为,此次修改有利于管理带团领队、规范领队行为,维护游客和旅行社利益。

资深领队、导游培训师胡延华认为,取消领队资格审批,简化了程序,可以使优秀领队脱颖而出,使人才流动更加便利,适应市场变化。

吉林省旅游局行政审批办主任说,本次修改相当于取消了领队证,而对于领队人员的资格由旅行社认定,备案到旅游部门,一方面有利于减轻旅游企业负担,减少过多行政审批对于旅游企业和从业人员的束缚,同时也对出境人员的管理提出了更高的要求。

3. 加强事中事后监管

取消领队资格审批后,是否意味着旅游主管部门不再对领队进行管理?就此,国家旅游局相关负责人表示,简政放权并不是一放了之,而是着重放管结合、科学管理、事后监督。

据悉,领队管理将由资格准入制改为备案管理制度,通过信息化手段加强事中事后监管,国家旅游局正在制定、修订相关规范,加强对领队证取消后领队从业行为的监督管理。

韩玉灵说,相关部门依据旅游法规定,细化领队条件规定,使其更具有可操作性。相关旅行社企业应当认识到,取消"领队资格"行政许可,实际上加重了旅行社对其员工的管理职责,应当加强领队培训和教育,采取措施保证该群体的合法权益。

工作任务二　出境游与领队队伍的发展

一 出境游的发展

根据国家旅游局公布的2006年至2015年历年《中国旅游业统计公报》以及中国旅游研究院和携程联合发布的《向中国游客致敬——2016年中国出境旅游者大数据》显示,我国出境游人数已实现连续12年刷新历史纪录。出境游总人数从2006年的3452.36万人次上升至2016年的1.22亿人次,增加了2.5倍。2010年至2013年平均每年增幅接近20%。2014年至2016年增长放缓,分别为7%、7%和4.3%。预计未来5年,中国出境游客将超过6亿人次。

(一) 出境旅游市场的潜力巨大

进入21世纪,随着我国经济发展水平的不断提高和改革开放的继续深化,我国公民出境旅游发展非常迅速,出境旅游市场十分活跃。为了赢得庞大的中国出境旅游市场,许多国家都积极通过外交手段,希望成为中国公民出境旅游的目的地;截至2016年全国出境旅游人数达到1.22亿人,同比增长4.3%,增速放缓,但仍继续蝉联全球出境旅游人次冠军;出境旅游花费高达1098亿美元,人均花费900美元。出境游人数占全国旅游人数的3%,出境游消费却占到全国旅游花费的16%。

旅游产品不属于生活必需品,属于在居民收入提高、日益增长的文化需求得到满足的前提下,消费升级的表现。在旅游产品中,产品价格与距离长短直接相关。最便宜的是郊区游,到省内游、国内游、港澳台游、新马泰游、日韩游,再到昂贵的欧洲游、北美游,再到更昂贵且小众的非洲游、北极南极游。2016年我国人均GDP为8113美元,处于日本20世纪80年代初、韩国90年代初的水平。2016年全国出境旅游人数达到1.22亿人,但是出国游人数占我国人口比例为3.99%,对应在日本20世纪80年代初、韩国90年代初的水平。由此来看,我国的出境游还有很大的发展空间和很长的发展时间。

(二)生活方式体验成为出境旅游的主旋律

中国游客已经不再是以"买买买"为主了,而是开始享受旅行,心态发生了很大变化。对于中国高端消费人群来说,旅行的趋势也是这个节奏,他们要全方位地体验当地的美食、酒店、景点和人文特色。据财富品质研究院调研,预计到2020年,60%的中国游客出国是为了更好地休闲度假与生活体验。中国正进入大旅游消费时代由观光旅游向生活方式过渡。出境旅游者更加注重享受的休闲度假式旅游和展现个性特色的生态健康、民风民俗等特色旅游。比如,度假式旅游者着力打造了一种休闲娱乐的氛围,让人心情舒畅。所以,现在及将来的出境旅游都会更加注重感触式旅游,也就是旅游要给游客带来和本身生活体验不同的感官享受。

(三)高端定制游逐渐受欢迎

传统旅游方式已经跟不上时代发展步伐,无法满足人们日益增长的个性化旅游消费需求。新兴的定制旅游则将主动权归还消费者,根据消费者需求和喜好定制旅游行程路线和旅游六要素,提供定制化、差异化、个性化旅游服务,顺应了市场发展趋势和潮流,已经成为市场新宠。智慧旅游具有智能化、个性化的特点,游客在旅游活动中自主性较强,食宿、交通、游览、购物等原来需要依靠旅行社统一安排的环节,现在游客都可以利用智能设备按照自己的意愿进行自由选择。如今,年轻游客已经成为我国旅游市场的主力军,他们的消费需求越来越多样化、个性化,对旅游目的地的住宿、餐饮、娱乐等消费越来越要求自主个性化。尤其是随着自驾游、自助游的兴起,传统的导游服务需求将逐渐减少,新兴的旅游定制服务和旅游顾问服务需求将不断增加。

这些方面的改变,其实就弱化了传统的旅游市场卖行程以及跟团游的既定模式,个性定制与自由出行成为一种趋势,而互联网成了预订最重要的手段。2016年,中国游客通过旅游类平台、App预订出境旅游产品的比重已经超过一半,尤其是境外的高端生活方式类产品由于其私密性与稀缺性,更需要通过互联网的方式及时快捷地进行提前预约或预订。

不过,中国游客群体在海外休闲、旅游以及商务出行期望获得定制服务时也遭遇到诸多瓶颈,包括与旅行社进行行程规划时耗时耗力,专业度也比较低,可供选择的高端项目也非常有限,行程花费高昂而服务满意度非常低的情况。这些都是目前市面上的旅行社与旅游网站所无法满足的,如何利用互联网更好地提高效率、满足消费需求是可以深度探讨的。未来高端旅游的趋势将是"目的地优质资源产品化+生活方式体验碎片化+预订模式移动终端化+消费与服务多地场景化"。

二 领队职业的现状与发展

（一）领队职业的现状

随着我国旅游业的蓬勃发展，我国旅行社和旅游从业人员不断增加，而出境游的人数同时也不断增加，这对我国旅游从业人员的质量有了更高的要求。然而由于我国旅行社的发展速度过快，目前就业的人员构成复杂，就业人员教育水平参差不齐，与海内外游客市场对导游的阅历和知识要求不适应，不利于旅游服务质量的整体提高。与此同时，高水平旅游人才跟不上市场的需求，外语导游比重下降、小语种导游严重不足，导游语种结构不合理，已经成为制约我国海外客源市场发展的重要因素，一定程度上影响到我国国际旅游市场的竞争力。以下是中国海外领队的一些现状。

1. 出境领队供不应求

《导游人员管理条例》修订后，想要从事领队工作的导游只有一个渠道，即与有出境资质的国际社签订劳动合同并符合相关条件的导游，由所属旅行社为其备案后方可从事领队业务。而鉴于目前出境社出于人力成本的考虑等多方原因，不会大规模发展专职导游队伍，所以，领队仍为供不应求状态。

2. 工作环境复杂

领队的工作在各国各地区进行，各处奔走加大了他们在交通事故、自然灾害方面出现问题的可能性。另外，由于一些国家在政策方面存在一定的不稳定因素，更是加大了领队工作的危险性。但只要领队注意保护自己和游客，提高警惕，这些状况是可以避免的。

3. 工作强度大

领队的工作不仅包括出团前的工作准备，还包括在境外带团时，扮演好沟通组团社与地接社之间、游客与导游员之间的桥梁角色，并协助各地导游落实好游客的食、住、行、游、购、娱等事宜，做好旅游接待工作，并且监督当地接待旅行社执行旅游计划，遇到各种突发事件时要积极有效地解决。

4. 工资收入差别较大

随着我国《旅游法》的实施，旅行社的利益开始逐渐透明化，并且与同行业中的其他岗位相比，领队是一项收入相对较高的职业。但随着出境旅游的快速发展，领队的收入日渐透明化，变为旅游业中一个较敏感的话题。即使同是领队这一职业，其收入也有高有低，极不稳定。

5. 归属感缺乏

我国目前还没有建立正规的领队行业协会,领队人员在缺乏归属感的同时也无法保障他们自身的合法权益。从社会和政治层面上来讲,领队是处于相对弱势地位的个体,因此,他们就成为很难表达出自己利益诉求的弱势群体,当他们的合法权益受到侵害时,也没有可以依赖的行业协会来帮助他们维权。

(二)领队职业的发展

随着我国出境游的爆发式发展,加上国家在管理制度上改革,这一行业预计将迎来新的发展机会。

1. 领队的专业化水平越来越高,分工越来越细化

智慧旅游时代的海外领队既是旅游达人,也是旅游顾问,需要为旅游者提供更专业化的服务。比如,境外许多景区都有智能讲解设备,实现了自助导览定位和自助导游讲解。为了避免与智慧导游软件讲解内容重复雷同,领队需要做足功课,要深度了解目的地国家文化知识,要全面熟悉旅游目的地人文、历史、地理、民俗和经济社会发展情况,这样才能帮助游客解决更多的实际问题,体现领队服务的价值和意义。

2. 领队服务的内容更加丰富

专属的个人私人定制作为一种时尚的个性化消费方式正在世界流行,包括定制飞机、游艇、豪宅、汽车、宴会、服装等涉及生活的方方面面。但是,随着体验性、休闲性等现代元素渗入传统的旅游方式,私人定制旅游这样一种全新的旅游消费方式也走进了中国。这种类似自助游的私人定制旅游方式开始在上海、北京、广州等城市兴起。针对人们对旅游产品的个性化需求,领队还需要充当家庭或私人旅游定制顾问,不光是带队,还能为客户定制路线和旅游服务等。在实施私人定制旅游服务时把主动权交给旅游者本人,根据个人的特点、情趣、爱好、闲暇时间及预算情况,由私人旅行定制顾问为其设计符合其需要的线路,并根据客户要求由私人旅行定制顾问选择志同道合的同行旅伴,同时提供全程的信息咨询服务,解决出游前和出游中遇到的问题。

3. 领队还需要专注游客的情感体验

随着物质世界的丰富和生活水平的提升,人们越来越关注情感体验,希望通过旅游来丰富经历、增长见识、体验享受生活。因此,智慧旅游时代导游人员不仅要根据游客的兴趣爱好做好讲解服务,更要关注游客情感需求,充分利用细节服务和情感服务增强旅游体验。比如,注意客人的言谈举止,学会察言观色,懂得客人的心理需求,让服务富有人情味,丰富旅游情感体验。利用QQ、微信、微博等社交媒介工具分享旅游过程中的奇闻趣事,深入与客人进行交流沟通和互动,拉近与游客的心理距离,建立良好的情谊关系,从而为游客塑造更难忘的旅游体验和生活经历。

三、领队在出境游环节中的作用

(一)领队是旅行社出境旅游业务顺利进行的关键

1. 领队需要了解旅游产品生产销售的程序

以往旅行社对领队,只重视单纯的领队业务,而忽略了其他方面,使领队尤其是一些没有在旅行社其他岗位工作过的领队对旅行社的业务开展了解不够,从而间接影响到了带团的实际效果。

旅行社在其产品的生产和销售程序链当中,至少有四个主要环节。

(1)策划创意阶段:主要工作包括找寻市场卖点、研究游客的需求变化、进行冷静的市场分析、确定产品等。

(2)产品制作阶段:主要工作包括资讯准备、实地考察、线路编排、进行产品定价等。

(3)广告销售阶段:主要工作包括选择媒体、通过各种媒介发布产品信息广告、印制宣传单、接受游客报名等。

(4)成团操作阶段:主要工作包括预订机票、预订酒店、与境外旅行社确认行程、与领队工作交接、团队核算等。

领队的工作是在以上所有程序完成后,才开始介入到团队的运作过程中间的。如果缺少了以上环节,领队的工作就不复存在;如果领队的工作完成得不够好,那么受其影响,以上各个工作环节的艰辛努力就有可能会付之东流。

2. 领队是旅行社出境旅游业务中重要的螺丝钉

领队虽是旅行社诸多工作岗位上面的一颗螺丝钉,但所起到的作用却是极为重要的。游客对花钱参加旅游团的客观认识,值与不值的评价,很大因素源于对领队的看法。除了报名时的咨询、付费与旅行社的销售人员打交道以外,在旅行社中,游客接触最多的人就是领队,出境旅游中游客每天都与领队在一起,领队的一言一行都能影响到游客对旅行社的看法。

在旅行社的出境旅游业务的整个环节当中,领队具有举足轻重的作用。旅行社的产品销售完成以后,尚不能说成功。随着领队带领旅行团顺利归来,成功才可能会被同时带来。

领队如果没有能够尽职尽责做好工作,遭到游客的投诉索赔,结果就会使得旅行社功亏一篑、前功尽弃,所有的策划制作、广告招徕、门市揽客、收费签约等前期工作,都可能全部化作泡影。以往许多旅行社都遇到过因领队工作差、遭到游客投诉的事情,使得旅行社疲于应付,不仅名誉受损,经济收益也无法保证。相反,如果领队工作出色,在准确完成旅行社业务的运作要求的同时,还能够弥补旅行社前期工作中的许多漏洞。

3. 领队作为组团社全权代表,肩负多项使命

1) 领队身上寄托着组团社的信任和期望

领队接受的是企业的委派,派出领队的行为自然是一种企业行为。作为企业派出的代表,领队是企业形象的展示与塑造,因而在带团中,领队应该将企业的荣誉时时放在心上。领队被旅行社选中作为企业的代表、受组团社的委派带领游客游走世界,表明了旅行社对领队的高度信任,带团当中的每位领队实际上都肩负着旅游企业的重托和期望。

2) 领队代表组团旅行社督促境外接待旅行社和导游人员执行旅游计划

领队与境外旅行社或导游之间在进行工作商讨时,身份自然就是中国组团旅行社的代表。经境外接待旅行社确认、发给中国国内组团社的团队行程计划表,就是一项有法律效力的业务契约。境外旅行社或导游绝不能随意进行变更,如果需要变更,必须经中国组团旅行社的代表即领队的认可同意。

3) 领队代表组团旅行社的利益,保证旅游合同有效实施

领队作为组团旅行社的代表,对组团旅行社与游客之间的合同契约的照章履行,担负着法定的保证责任。但领队对旅行社与游客签订的旅游合同仅有解释权、执行权和监督执行权,而没有自行变更权。整个旅游行程当中,游客对旅游合同的实施提出异议,都应该由领队来负责说明。而旅游合同上任何一项的改变,领队都应代表旅行社与合同另一方的游客商议,待游客同意认可后才可实施。

(二) 领队是游客在整个旅程中不可缺少的心理依赖

1. 出境旅游时领队是游客的主要依靠

1) 领队可以为游客提供熟悉异域环境、语言沟通等方面的帮助

由于中国的出境旅游开展时间较短,中国游客普遍对国外了解不多。许多游客虽然进行了大量的知识储备,但仍缺乏独立看世界的能力和勇气,因而需要领队的帮助。出境旅游领队因受过专业的培训,又有充分的旅行经验,对异国他乡的历史、环境、人文的掌握和了解,完全可以使游客享受到旅游的愉悦并能从领队身上汲取丰富的知识。

中国游客的外语水平总体不太高,尤其是到非英语国家旅游,所遇到的语言障碍更加明显,因而会影响到旅游的顺畅进行。旅游团的领队在语言翻译上对游客提供的帮助,可以使游客更好地了解世界,与当地人士进行交流。除去喜欢独自探索世界的年轻游客外,中国其他年龄段的多数游客均会希望在境外旅游中能得到最便捷的帮助,领队则会为游客提供这样一种依托。相比散客自助游,团队出境旅游是比较经济、方便的一种旅游方式,更

加适合普通大众的需求。因而在今后很长一个时期,团队出境旅游仍会是中国游客倾心的出游方式。

2)领队能够维持游客间的和睦团结

游客之间的团结是旅游顺利开展的重要保障。领队作为团队的核心,需要注意维护并保持团队的良好氛围。但是,团队在境外旅游期间,游客之间发生矛盾又在所难免。领队在游客之间发生矛盾的时候,要充当"和事佬"的角色,努力协调化解游客之间的矛盾。有些领队在团内游客发生争吵时不闻不问,也是不负责任的做法。领队在进行劝解时,要注意把握好分寸,不能偏袒任何一方。

2. 特殊事件发生时游客无法缺少领队的帮助

许多经常参加出境旅游的游客,会对出境旅游的各项程序非常熟悉,办理登机手续、出入境手续、了解注意事项、每日参加游览活动等已完全掌握,在平静顺畅的旅游进程当中,不太能体会到领队的作用。

游客在参加出境旅游当中,有可能遭遇到许多难以预测的天灾人祸。诸如地震、海啸、暴雨、狂风等自然灾难,或者目的地国家(地区)突然发生的骚乱、旅途中偶然发生的交通事故等,会让旅行团猝不及防、无法躲避。领队的良好心理素质和专业技能训练在此时的发挥,可以让游客终生难忘。

领队在专业培训中均学习过紧急救护的知识,因而在突发特殊事件的时候,领队可以用受过的专业训练和经验给游客最大限度的帮助。

旅途中突然遇到灾难,领队能给游客带来安全感。领队的临危不乱、有条不紊的处理方式和对游客的言语安慰都会让游客得到很好的心理安慰。

思考与感悟

一位女导游的青春之歌

——全国旅游系统劳动模范、杭州市中国旅行社蔡玮伟

2004年12月26日,蔡玮伟带领一支由26名杭州游客组成的旅行团赴泰国普吉岛游览,并乘坐当地时间上午8:30的班船前往PP岛。身为旅行团领队的蔡玮伟跟大家一样沉醉在碧绿的海洋中,只是她的心头多了一份"保护游客安全"的神圣责任。

11时左右,旅行团到达PP岛码头后,大家立刻被如诗如画的海岛风光迷住了,纷纷拿出照相机和DV狂拍起来。这时细心的小蔡突然发现海岸边的水正在迅速地后退,导致码头的船只都搁浅了,这种现象以前从来没有发生过,立即引起了她的警觉。因为十几分钟前当地一位导游给她打电话说临近的珊瑚岛发生了地震,不到五分钟,她又看见远处的海水又在快速地往回涨。她马上预感到了眼前的危险,便大声地对所有团友喊:"大家赶快往

酒店方向跑！有危险！"但是游客们根本没有意识到危险即将到来。她用尽全身力气、撕心裂肺地对着游客们大喊："海水涨上来了，大家快往楼上跑，大家快往楼上跑！"游客们定睛一看，才明白事态的严重性，分别向酒店的主楼和副楼狂奔。小蔡当时并不知道，就在他们跑进酒店大门的瞬间，酒店的后面正有一股巨浪向几栋楼席卷而来，若是再迟上几十秒钟，后果将不堪设想。小蔡在楼梯上加劲催促团友们"快上楼！快上楼！"同时还用英语大喊了一声："海水来了，快上楼！"就在这时，海水已经破门而入。不少外国游客因为迟了一步，冲倒在了海水中。

小蔡爬上三楼，立即清点人数：只有14位。另外12位哪去了？在简单安顿好14位游客后，她立即挨个房间去寻找……她找遍三楼又涉水到二楼，都没有发现人。最后才发现有8位游客慌乱中跑到副楼上去了，小蔡马上设法把他们接到主楼和14位游客会合。但是，还有4个人呢？这时的潮水已经慢慢退了下去，但是4位团友的失踪仍让小蔡心急如焚。于是，她让所有的客人在阳台上一起大声呼喊4个失踪者的名字。喊了很久，终于从另外一幢副楼的平台上传来了回应声。

过道里，海浪卷来的器物已经堆积如山。到达阳台后，现场的一幕让小蔡大吃一惊：一名女团友躺在地上，手臂上有个很大的伤口，骨头都露出来了，鲜血直流，身边有很多呕吐物；另一位男团友左脚背上的肉全被玻璃碎片削掉了。这时的小蔡已经根本顾不上脏和乱，运用导游领队培训中所学到的急救知识，用酒店里的毛巾给她包扎，压迫血管替她止血。就在紧急处理伤口的过程中，又听见有人大喊："第二波潮水又逼近了！"他们只能扶起伤员，以最快的速度通过平台上临时用桌子、椅子搭起的楼梯向楼顶爬去。小蔡在处理好自己团员的伤势后，不顾自己疲惫的身体，主动帮助几个落单的外国游客包扎伤口，还把自己背包里仅剩的小半瓶矿泉水一口一口地喂给了一名素不相识但是重伤急需补水的欧洲旅客。3个小时后，有人通知说由于海浪冲击，这幢大楼的瓦斯容器破裂并泄漏，让所有在场的人马上撤离到刚才副楼的平台上。为了减轻移动过程中伤员的痛楚，小蔡灵机一动，带着几个小伙子拆下门板抬着两名伤员，冒着浓烈的瓦斯气味以最快的速度撤离现场……到达集结地后，只有一艘救生艇，工作人员只同意把受伤较重的女游客与其他重伤员一起先运出去救治。送走伤员后，又有消息传来，晚上可能还会有30多米高的巨浪来袭。为了安全，小蔡与团友们商量后决定爬上酒店背后的小山上去过一夜。小蔡临时组织了几个人从客房里找来了一些毛毯、点心和矿泉水，让大家分别带上御寒充饥。她还和团里的几个小伙子乘着空隙和当地人一起砍了些树木，还向同在一个坡上避险的一名华侨借了个锅，生起火，煮了点水，把全团唯一一包方便面煮了，大家谦让着你喝一口我喝一口这样温暖地传递着，谁也不肯多喝……

27日清晨，小蔡带领的24名团员顺利地搭上了第一艘救生船，两个小时后又顺利抵达普吉岛码头，并在酒店与另两名失踪一昼夜的团友会合。在国家旅游局和中国驻泰国大使馆的努力下，28日凌晨他们又搭乘东航班机，于当地时间2：40飞离普吉岛，北京时间上午7：50顺利到达上海浦东国际机场，全团一个不落地回到了祖国的怀抱。此时，迎接他们的是祖国人民关切的慰问和耀眼的鲜花。

(三)领队在旅行社业务拓展中具有特殊作用

1. 领队的服务可以起到比广告更好的招徕作用

领队需要认识到出境游游客具有重复出游的可能性,可以把更多的旅游线路产品向正在参加出境旅游的游客进行直接传达,领队在整个旅程当中,可以有充分的机会、充分的时间给游客介绍新的线路、新的产品,将旅行社的"全员促销"的战略进行重点实施,可以取得较明显的销售效果。身处出境旅游进行时的游客是这类广告信息的热心受众,多数人不会拒绝接受,因而他们都会是旅行社最直接有效的目标客户,十分适合领队展开此项工作。

从这个意义上来看,游客跟随旅行社的领队出国旅游,实际上是在体验一个旅行社的无声广告。领队的优质服务,可以为旅行社做出最好的广告;反之,领队的劣质服务,则不仅会让游客对领队本人产生怨恨心理,而且会使旅行社的企业声誉受到严重挫伤、造成恶劣的广告效应。游客通过领队对某旅行社留下良好印象后,会对旅游充满美好、欢娱的想象,会潜移默化地影响他今后很长一段时期对旅行社的排他性。

广告传播的途径当中,口头传播是传播效果很好的方式之一。领队为旅行社赢得的良好口碑,通过游客在广泛的区域传播,效果远胜于旅行社本身所做的各种广告。

2. 领队对于旅游产品的设计、销售环节意义重大

领队并非只是一个机械执行接待计划的角色,他还应担负并扮演着产品推销员和市场信息调查员等多种角色。旅行社的线路产品是否适用,必须经过实践才能知道。领队是旅行社产品的实验员,其写出的《领队日志》及总结报告,可以被看作是对旅行社产品的试验报告。

(四)领队是一面文明的旗帜

由于地域差异和生活习惯的不同,出境游中一些游客不文明行为经常出现。虽然游客这些行为可能源于长期以来的不良习惯,短时间很难改正,但作为专业领队,应该从自己的工作角度出发,给游客做出榜样,更好地融入国外的旅游环境中去。

大多数不文明行为是因为游客不知情、不了解造成的,领队应该多告知、多提醒。比如,途中提醒客人公共场所不能吸烟、不能随地吐痰、不能大声喧哗,就可以有效减少不文明行为的出现。作为领队,除了在做好提前介绍和说明工作之外,更应该用鲜活的例子去引导他们,感染他们,这种方式要比强硬的说教和"硬性"规定更容易让游客接受,也更容易让他们把好的习惯带回国内,感染更多的人。

如果说游客是反映国家国民素质的镜子,那领队更应该是一面旗帜。领队应该从各方面严格要求自己,通过自身的文明行为去影响游客、感染游客,这比一切生硬的说教更能令游客信服。

任务拓展

分析以下案例,并思考:智慧旅游时代来临,领队面临着哪些挑战?

携程升级"互联网+导游领队"改革试点

携程网旅游频道"领队之家"栏目,有482个领队在网上展示,大幅的照片特别引人注目。带团区域覆盖亚、欧、美、非、澳等地,工作年限从3年到21年不等。不少领队成为"网红"极具人气。随着互联网旅游的发展,现在领队也有自己的主页,打造领队自己的品牌,不少"明星领队"拥有极高的人气和粉丝。这在旅游行业是前所未有的。虽然以后旅游者可能不需要看领队证了,但是通过互联网、手机App,可以看到领队的所有信息,还能随时随地对服务进行点评。

作为国家旅游局发布的唯一一家试点企业,携程旅游近日升级"互联网+导游领队"改革试点,打造移动互联网时代的新型领队和出境游服务。

此前领队信息不透明公开,旅游者无法提前知道领队怎么样,现在,在网上报名携程出境游产品,可以看到详细的领队介绍、照片、人气、资历等;此前游客无法实时有效地监督点评领队,服务质量难以与领队考评待遇挂钩,现在通过携程App,可以随时随地对领队进行点评,客人的在线点评与领队的考评和质量管控完全关联。

"过去旅客往往只能在旅游结束后,通过问卷对行程满意度反馈,但现在通过手机App及网站新科技的协助下,旅客甚至在行程中就可以直接点评、获得改善,大大提高服务效率。"携程出境游相关负责人表示,根据客户点评与满意度,携程旅游还对导游领队进行评级、激励,形成严格的"金牌导游"、"金牌领队"分级激励体系。

传统上领队工作是人力劳动,但互联网技术创新也极大改变了领队的工作方式。比如,"领队助手App"已经成为当前领队带团的必备工具,"智能化派团系统"实现了自动根据产品、出境区域、领队情况派团,更公平高效契合客户需求。

因此,"全面开放的真实点评+服务标准+技术创新+激励政策=优质的导游领队服务"。

项目二
出发前的准备

◇ **知识目标**

1. 掌握领队工作的流程。
2. 掌握核对、分析、归纳信息的一般方法。

◇ **能力目标**

1. 能跟 OP 进行有效的沟通和配合。
2. 学会对相关信息进行核对、分析及归纳。

◇ **素质目标**

1. 培养学生服务规范意识。
2. 培养学生沟通技能。
3. 培养学生信息分析能力。

工作任务一　接受带团任务

任务导入

　　××旅行社新领队小张突然接到公司电话,安排她带团出境前往澳大利亚。她是第一次带团出境,OP(计调人员)李姐给了她一套该团的团队资料,包括《团队出发参考通知书》(见表 2-1)、《澳一地 10 天海豚生态之旅参考行程》(见表 2-2)、《游客护照信息表》(见表 2-3)、机票单信息、《中国公民出国旅游团队名单表》(见表 2-4),小张该如何接受带团任务?

表 2-1 《团队出发参考通知书》

团　　号:20170716 澳一地 10 日	人数:11+1 人
领　　队:张欣	电话:13688778800
出入境日期:2017 年 04 月 01 日—2017 年 04 月 10 日	入境口岸:长沙/长沙
参考航班时间: 04.01　HU483　　CSXMEL　1810　0620+1 04.04　QF610　　MELBNE　0855　1105 04.08　QF861　　OOLSYD　0745　0915 04.10　HU7998　SYDCSX　0825　1635	
为了您美好的澳大利亚之行,请您仔细阅读后面内容!	

表 2-2 《澳一地 10 天海豚生态之旅参考行程》

日期	行　　程		
D1	长沙/墨尔本　　　　航班:HU483　CSX MEL　1810/0620+1 客人自行前往长沙机场集合,在领队的带领下乘机前往澳大利亚—墨尔本,夜宿飞机上。		
	用餐	自理	
	交通	飞机	
	酒店	飞机上	
D2	墨尔本 航班抵达后进行游览: 【古老观光电车】 整个澳大利亚只有墨尔本至今还保存着世界上最大体系的有轨电车运行,它是墨尔本最重要的特色之一,乘坐古老观光电车徜徉在美丽的花园城市之中,沿途城市风光美不胜收。 【库克船长小屋(外景)】 1728 年澳洲的发现者航海家詹姆斯·库克就出生在英国约克夏郡的这座小屋里。1934 年澳洲人将库克船长在英国的故居买下后,将这座故居小心地拆分开,把每一块建材编号,装在 253 个箱子里,总重量 150 吨,由英国海运到墨尔本,再照原样组建而成。 【菲罗兹花园】 墨尔本市区五大花园之一,这里绿树葱葱,鸟语花香,带着浓厚的英国乡村浪漫色彩。 【圣派翠克大教堂】 罗马天主教墨尔本总教区的圣派翠克大教堂是澳大利亚最高的教堂,19 世纪极具代表性的哥特式建筑之一,建筑的尖塔高 103 米,充分展现文艺复兴时期的建筑风格与华丽。教堂内有丰富的工艺作品收藏,细致的彩绘花窗玻璃,巧夺天工的木雕及石匠工艺,突显出天主教堂的宏伟与庄严。 【墨尔本皇家植物园】 占地约 40 万平方米的墨尔本皇家植物园,设计采用了 19 世纪的园林风格,园中种植的花木多是罕见的外来珍品及澳大利亚当地植物,约 1 万个品种。自 1845 年开园以来,即不断收集世界各地的植物,逐渐扩展,成为全世界设计较好的植物园之一。		

续表

日期	行　　程
D2	【墨尔本博物馆】 墨尔本博物馆是南半球最大的博物馆,墨尔本博物馆是刚刚落成不久的世界上大型博物馆之一。内部共分为澳洲历史馆、植物馆、儿童馆、科技馆、人类生命起源馆、动物馆、未来馆等,另外还有巨幕电影院。这里是游客来墨尔本旅游中不可缺少的游览景点之一。 【墨尔本大学】 作为澳洲八大名校的核心盟校成员之一,墨尔本大学同时也是国际研究型大学联盟组织环太平洋研究联盟(APPU)的成员之一、亚太国际贸易教育与研究联盟(PACIBER)的成员之一和Universitas 21的创始会员和秘书处所在地。建校以来,墨尔本大学已经培养出多名诺贝尔奖得主。 |用餐|机上餐　团队午餐　团队晚餐| |交通|旅游巴士| |酒店|Mantra on Jolimont|
D3	墨尔本 酒店早餐后开始行程: 【维多利亚艺术中心】 是一系列位于澳大利亚墨尔本的艺术展览及演艺场馆,由信托所经营管理。艺术中心始建于1973年,于1982年完工,1984年正式对外开放。其场所范围包括位于雅拉河南岸的中心剧院(Theatres)和墨尔本音乐厅(Melbourne Concert Hall),而墨尔本音乐厅的厅院中另外设有会议厅、宴会厅、餐厅、画廊、博物馆、艺术品店等。由于拥有高达162米的塔尖,它被认为是一座塔形建筑亦被视作是全世界最高的艺术中心。 维多利亚艺术中心已成为墨尔本的标志,此艺术中心内有一座维多利亚美术馆,馆内有25000件的收藏品,堪称澳洲最大的美术馆。艺术中心的建筑令人赞赏,有广大的中庭和以彩色玻璃为天花板的大厅,很值得一看。 【墨尔本之星】 墨尔本之星是全球三大巨型观景摩天轮之一(另外两座观景轮分别是伦敦眼和新加坡飞行者),也是南半球唯一的巨型观景摩天轮。以360°的惊险视角欣赏远至40千米码头新区、墨尔本中央商务区、菲利普港湾以及远至马瑟顿山、亚瑟宝座山和丹地农山脉的美景。 之后前往DFO购物中心自由购物。 |用餐|酒店早餐　团队午餐　晚餐自理| |交通|旅游巴士| |酒店|Mantra on Jolimont|
D4	墨尔本—布里斯班　　航班:QF610　MEL BNE　0855/1105 航班抵达后乘车前往 【袋鼠角】 袋鼠角是个观看整个布里斯班城市风光和河流风光的观光点。想要一览布里斯班的地平线,这里是绝佳角度,由于布里斯班河流经这里时正好是个U字形,整片城市风貌以超广角呈现,相当壮观。 【故事桥】 (途经)故事桥是布里斯班最著名的大桥,建造于1940年6月6日,是澳洲设计并建造的最大的钢铁大桥。桥的名字叫"故事桥",但并没有什么特别的故事。之所以叫"故事桥"是因为它是以桥的设计者的名字"Story"命名的,中文名字就叫"故事"了。

续表

日期	行　　程
D4	【南岸公园】　这里是1988年世界博览会的旧址，位于布里斯班河南岸，占地16万平方米，是很受市民喜欢的地点，这里是享受布里斯班亚热带气候的最佳去处，公园内有水质清澈的柯达海滩和青葱的林荫草地。而北岸正是大厦林立的市中心，市民会在假日时观看广场上街头的表演，是享受亚热带气候的好去处，也是每年各式庆典活动中心，观看跨年烟火之地！您也可以选择乘坐布里斯班闻名遐迩的摩天轮，360°观赏布里斯班河两岸的宜人景色。 【布里斯班市政厅】（途经）建于1930年，是一座具有意大利典型新古典主义派风格的棱柱型塔式建筑，通体用昆州特有的棕黄色砂石建成。它以前是布里斯班市政理事会的总部，现在称为市政中心，而且是向公众开放的游览场所。市政厅的门庭有很多立柱，非常雄伟，顶部高插云霄的市政厅钟塔，深具南欧风情。
	用餐　酒店打包早餐　团队午餐　团队晚餐
	交通　飞机　旅游巴士
	酒店　Hotel Grand Chancellor Brisbane
D5	布里斯班—天阁露玛 酒店早餐后进行游览： 　　前往布里斯班皮恩坎巴(Pinkenba)的霍特街码头，乘船出发到达摩顿岛的天阁露玛码头。 【摩顿岛】　这里就是世界第三大沙岛。每天傍晚都有一群野生海豚恭候着游客的到来，加之岛的形状又酷似一头宽吻海豚，所以，人们亲切地称它为海豚岛。天阁露玛有80多种不同的方式带您走进大自然，邂逅野生动物，全身心体验大自然给您带来的正能量。天阁露玛的行程亮点永远是每天晚上的"亲手喂海豚"体验。日落之后，一群可爱的野生海豚每天会来度假村，这是一个美丽的约会，延续至今已经有30多年了。每天晚上大约有8条性格迥异的野生海豚会来度假村享用他们的"晚餐"。 　　（如果游客准备要喂海豚的话，最好穿着适合下水的衣服，泳衣最佳。整个喂海豚的过程都由海豚保护小组成员全程陪同。请注意：喂海豚项目有着严格的规定，所以，喂海豚有一定的条件限制。当日的天气、潮水和多少条海豚的到来，决定了当日能够有多少游客可以有机会亲手喂海豚。）
	用餐　酒店早餐　午餐自理　晚餐自理
	交通　旅游巴士　渡船
	酒店　Tanglooma Island Resort
D6	天阁露玛—黄金海岸 早餐后坐渡船回布里斯班，抵达后开始旅程： 【华纳电影世界】　这是一处极有特色的主题乐园，走在城内的街上，就像置身于电影中，随时可以遇到电影明星。主题乐园里面还有很多经典影片的拍摄场景，而喜欢看卡通片的游客则可以到Looney Tunes Villages中去邀游童话世界，到时可以与平时常见的卡通人物一起手拉手玩耍并合影留念。华纳兄弟电影世界有一句口号是："华纳电影世界可以圆每一个人的明星梦。"游客进入到这个主题公园后，就会亲身感受到这句话的含义。电影世界占地168万平方米，内有制作剧场，可放映名片供游客观赏。在这里，游客还可以了解电影制作的各个过程，身临电影情节之中，让您大开眼界。另外，还有四度空间探险，地底激流及爱因斯坦地心引力场等游乐设

续表

日期	行　程		
D6	施,规模宏大,得花半天游览,大人小孩都不容错过。而致命武器中的云雾飞车,则刺激惊险。兄弟电影世界是让一家大小乐开怀的地方,它特别适合有小孩同游的家庭。(午餐自理) 　　【天堂农庄】　在这里,游客可以体验到真实的澳洲农庄生活,独一无二的澳洲传统文化。主要活动:①剪羊毛。观赏最具经验的牧场工人表演剪羊毛和绵羊大展,这可是天堂农庄的招牌表演之一。②比利茶点。坐在营火旁,享受澳大利亚特有的营火铁罐茶,以及澳式传统的松饼。③参观澳式住宅。游客可以看到澳洲传统住宅,并有纪念品商店供您选购价廉物美的澳大利亚礼物馈赠亲友。④亲密接触袋鼠和树袋熊。游客可以在袋鼠生活的灌木丛附近亲手喂食袋鼠,并且在树袋熊村,可以怀抱澳大利亚最可爱的动物——树袋熊,并可付费拍照。在这里游客所体验的是真实的澳大利亚农场生活,尤其是可以看到农夫和牧羊犬是如何控制羊群的。同时,游客还可以观赏农夫表演投掷回力标和甩马鞭等。 　　前往著名的【滑浪者天堂(SURFER PARADISE)】拍照留念。在连绵白洁、充满阳光的滑浪者天堂海滨,留下难平的双双足印,感受异国海滩的浪漫气氛(注:由于沙滩海岸线较深,不能游泳,请游客注意。)		
	用餐	酒店早餐　午餐自理　酒店自助晚餐	
	交通	渡船　旅游巴士	
	酒店	Mantra Legends	
D7	黄金海岸 酒店早餐后,前往奥特莱斯自由购物。		
	用餐	酒店早餐　午餐自理　晚餐自理	
	交通	旅游巴士	
	酒店	Mantra Legends	
D8	黄金海岸/悉尼—蓝山—悉尼　　航班:QF861　OOL SYD　0745/0915 航班抵达后开始精彩旅程。主要景点: 　　【蓝山国家公园】　空气中弥漫着一种由桉树脂挥发的蓝光,故被命名为蓝山,置身于其中,定会觉得美景赏之不尽。首先前往 Echo Point,此处是拍摄三姐妹峰的最佳点。 　　前往 Leura 小镇,主街上一排樱花树将上下行道分开,春赏花、秋看叶,不少游人就坐在树下的草坪上野餐或小憩。路两旁餐馆、零售店游人不断,售卖精油和香蜡的店铺生意火爆,因为这里的原料均采自澳洲本地,且工艺讲究。 　　【悉尼大学】　悉尼大学是澳大利亚历史悠久和久负盛名的大学,被称为"澳洲第一校",在世界范围内亦是十分优秀的高等学府之一。该校创建于1850年,至今有160多年的历史,是澳大利亚较大的高校之一。悉尼大学为澳洲和世界的人类发展事业做出了巨大的贡献。其悠久的历史和显赫的成就为它赢得了"南半球牛津"(Oxford in South Hemisphere)的美誉。		
	用餐	酒店打包早餐　团队午餐　团队晚餐	
	交通	旅游巴士	
	酒店	Tank Stream Hotel	

续表

日期	行 程		
D9	悉尼 酒店早餐后开始精彩旅程。主要景点： 【岩石区】 此地是澳大利亚第一个白人殖民区。所谓殖民区，即是英国政府流放囚犯的地方。早在库克船长于1770年4月29日发现澳洲之前，英国一直把大批罪犯流放到北美殖民地。 【悉尼歌剧院】 悉尼歌剧院是从20世纪50年代开始构思兴建的，由丹麦建筑师约恩·乌松设计，共耗时16年，斥资1200万澳币完成建造，为了筹措经费，除了募集基金外，澳洲政府还曾于1959年发行悉尼歌剧院彩券。期间历经千辛万苦于1973年10月20日建成，由英国女王伊丽莎白二世揭幕剪彩。游客还会在此看到彰显了曲线力度和钢铁工业之美的悉尼大桥。 【悉尼海港大桥】 悉尼海港大桥是早期悉尼的代表建筑，它像一道横贯海湾的长虹，巍峨俊秀，气势磅礴，与举世闻名的悉尼歌剧院隔海相望，成为悉尼的象征之一。这座大桥整个工程的全部用钢量为5.28万吨，铆钉数为600万个，最大铆钉重量3.5公斤，用水泥9.5万立方米，桥塔、桥墩用花岗石1.7万立方米，建桥用油漆27.2万升，从这些数字足可见铁桥工程的雄伟浩大。 【皇家植物园】 自1845年开园以来，不断收集世界各地的植物，才拥有了今日所见的规模。游客可以在一望无际的绿茵花园内休息，也可以在长满自然和奇异植物的草坪和走道上散步。 【麦考利夫人椅子公园】 游览"麦考利夫人椅子"公园，在这里还可以拍到以悉尼歌剧院、海港大桥、广阔海平面组成的全景照片。还可远眺【悉尼观光塔】。悉尼塔号称是南半球高度最高的展望台，整个楼高300米（展望台离地高度则为250米）。 【海德公园】 位于悉尼市中心的海德公园初建于1810年，已经近200年的历史，那里有大片洁净的草坪，百年以上的参天大树，是这里休闲的一个好去处。公园的中心是一个设计独特的喷水池。 【圣玛丽教堂】 悉尼海德公园附近的圣玛丽大教堂(St Mary's Cathedral)是悉尼天主教社区的精神家园。它是悉尼大主教的所在地，建于悉尼第一个天主教堂的旧址。大教堂是由当地的砂岩建成，"哥特式"的建筑风格是欧洲中世纪大教堂的建筑遗风。 【悉尼鱼市场】 悉尼鱼市场是澳洲供应新鲜鱼类的世界级市场，提供澳洲、南太平洋和亚洲100多种海鲜种类。游客中午在这里可以尽情选择各式海鲜，享用不同烹饪手法。（午餐自理） 傍晚乘坐【悉尼海港游船】 前往达令港，达令港又称"情人港"，由此乘豪华游轮环游这个景色绝佳的天然海港，并享用船上美味的游船西餐。		
	用餐	酒店早餐　午餐自理　游船晚餐	
	交通	旅游巴士	
	酒店	Tank Atream	
D10	悉尼—长沙　　航班：HU7998　SYD CSX　0825/1635 早餐后乘飞机飞返长沙，抵达后结束精彩的澳洲之旅。		
	用餐	酒店打包早餐	
	交通	飞机	
	酒店	温馨的家	

以上行程及航班仅供参考,在确保上述景点和标准不变的前提下,我社有权根据实际情况对进出港口及住宿城市、景点游览顺序做出调整。

表 2-3 《游客护照信息表》

	姓名	英文名	性别	出生年月日	出生地	签发地	护照号	护照有效期
1	张小茗	ZHANG XIAOMING	M	1983/7/12	湖南	湖南	E80369050	2026/6/6
2	胡向华	HU XIANGHUA	F	1963/11/10	湖南	湖南	G54354484	2019/5/20
3	黄林	HUANG LIN	F	1968/11/2	湖南	湖南	E87900442	2023/12/23
4	蒋莉	JIANG LI	F	1958/1/23	湖南	湖南	E01452587	2025/11/3
5	李芳	LI FANG	F	1971/1/22	湖南	湖南	E39491150	2019/6/12
6	廖向前	LIAO XIANGQIAN	F	1970/11/15	湖南	湖南	G60184008	2020/10/13
7	刘丕英	LIU PIYING	F	1968/7/9	湖南	湖南	G59228546	2022/10/8
8	彭洁	PENG JIE	F	1963/7/7	湖南	湖南	G59221333	2023/3/10
9	伍丽娟	WU LIJUAN	F	1948/7/26	湖南	湖南	E63608677	2023/8/29
10	肖艳	XIAO YAN	F	1977/11/26	湖南	湖南	G56257076	2018/9/9

(备注:客人护照信息以该表为准。)

表 2-4 《中国公民出国旅游团队名单表》

序号	姓名		性别	出生日期	出生地	护照号	发证机关及日期
	中文	汉语拼音					
1	张小茗	ZHANG XIAOMING	男	1983/07/12	湖南	E80369050	湖南 20160607
2	胡向华	HU XIANGHUA	女	1963/11/10	湖南	G54354484	湖南 20090521
3	黄林	HUANG LIN	女	1968/11/2	湖南	E87900442	湖南 20131224
4	蒋莉	JIANG LI	女	1958/1/23	湖南	E01452587	湖南 20151104
5	李芳	LI FANG	女	1971/1/22	湖南	E39491150	湖南 20090613
6	廖向前	LIAO XIANGQIAN	男	1970/11/15	湖南	G60184008	湖南 20101014
7	刘丕英	LIU PIYING	女	1968/7/9	湖南	G59228546	湖南 20121009
8	彭洁	PENG JIE	女	1963/7/7	湖南	G59221333	湖南 20130311
9	伍丽娟	WU LIJUAN	女	1948/7/26	湖南	E63608677	湖南 20130830
10	肖艳	XIAO YAN	女	1977/11/26	湖南	G56257076	湖南 20070910

任务解析

(1)小张首先需了解领队工作中各环节的业务流程和服务规范。

如在接下来的行前说明会上小张该跟游客重点介绍些什么、应该约定几点钟到机场集合、如何办理出入境手续等,小张都要提前做好准备。

(2)小张通过 OP 给的团队资料分析和归纳行程相关信息和团队基本信息。

小张通过参考行程获取相关信息,如团队出发地是长沙,目的地是澳大利亚,出发时间是 2017 年 4 月 1 日,回程时间是 2017 年 4 月 10 日,共 10 天。从长沙直飞墨尔本,起飞时间是北京时间 4 月 1 日 18 点 10 分,落地时间是当地(悉尼)时间 4 月 2 日早上 6 点 20 分(悉尼时间比北京时间早 2 小时),空中飞行时间 10 小时 10 分;4 月 4 号从墨尔本飞布里斯班,飞行时间 2 小时 10 分;4 月 8 日由黄金海岸再飞悉尼,飞行时间 1 小时 30 分;4 月 10 日从悉尼飞长沙,一共四段飞行。

通过游客名单分析团队基本情况,共有 10 人,其中 69 岁老年人 1 位,50~60 岁的游客有 3 位,40~50 岁的游客有 6 位,30~40 岁的游客有 1 位,可以看出这个团整体比较年轻,但因为有 4 段飞行,而且 3 段为早班机,一段为晚班机,行程会比较辛苦,所以,需要特别关注那位 69 岁老人的身体状况。

(3)小张仔细反复地核实游客信息,发现有误及时反馈给 OP 并修改错误信息。

团队资料中包含游客的护照、机票单和中国公民出国旅游团队名单表等,如果资料出现任何错误,会造成游客无法出入境或无法登机等,所以,无论这些信息正确与否,小张都需要反复地、仔细地逐项核实。她在核对中发现资料上有三处明显错误,并打电话给 OP 反馈错误信息并予以更改。三处错误如下:

①机票单上 4 号游客名字应为 JIANG/LI,而打成了 JIANG/LIN。

②中国公民出国旅游团队名单表中 6 号游客"廖向前"性别错误,应为"女"。

③回程计划时间是 4 月 10 日,但机票单上显示回程为 4 月 11 日。

(4)小张需要了解旅游目的地的基本情况和本次行程安排,并根据行程安排仔细推敲各衔接环节的工作,制订详细的带团计划。

小张需在脑海中或纸上将整个行程模拟数遍,特别是办理登机、办理出入境手续等环节,需要反复推敲,在模拟的过程中找到可能会发生突发事件的地方,并制定出尽量避免以及事后处理的方案。

相关知识

领队的工作是从接受带团任务开始的,一直到回程后票据及后续事宜交接完毕才算结束。为领队下达接团任务的一般是导游部经理或计调人员,无论是谁通知,领队最终会到计调人员手上去领取团队计划。

计调人员又称"OP",为英文"operate"的缩写。其主要工作任务是负责团队的前期操作(如线路的编排、供应商的采购、交通的安排、导游的安排等)、团队进行时的后勤保障(如突发事件的处理、协调等)及行程结束后的归档、善后(如团队档案的归档、整理、投诉的处理等)。

当领队接到通知到计调处领取计划时,领队就必须进入工作状态,并按领队业务操作流程和服务规范行事。具体操作规范如下。

一 认真听取计调人员介绍并仔细阅读行程计划,如有不明处及时与计调人员沟通

(一)OP 会对领队进行团队相关情况的介绍,以及移交相关的资料

这是 OP 与领队关于此团工作的第一次沟通。OP 在介绍团队情况及移交团队资料时应包括(但不限于)如下几个方面的内容。

(1)该团出发地(港口)、目的地(港口)、起止时间、交通工具的安排。

(2)团队人数及团队构成的大致情况。

(3)团队完整行程。

(4)特殊要求及特别注意事项。

(5)行前说明会安排。

(6)移交的资料包括:游客信息表、接待计划书、行程单、机票单、出入境名单表、健康申明表、护照、签证、游客意见表、安全注意事项告知书等。

(二)领队在与 OP 沟通时的注意事项

(1)认真听取 OP 对行程及相关事项的说明,不要随意打断 OP。例如,OP 确实有交代不清楚的地方,先记录下来,待 OP 将所有内容都交代完毕后再有针对性地提出来,并要 OP 做出明确的说明。

(2)即使领队经常走该线路,也应该仔细听取 OP 对该线路的说明。领队应在 OP 面前表现得自信,但千万不能以老领队自居,在 OP 面前表露出不在意、不耐烦的情绪。

(3)领队应摆正与 OP 的关系:既有岗位合作关系也有上下级服从关系(领队原则上应服从 OP 相关指示,但确实也有"将在外军令有所不受"的情况。领队应从实际出发)。

领队在领取计划后,应仔细阅读相关资料,对重点信息做到烂熟于心,这些重点信息包括:人数、行程安排、航班班次及时间、景点安排、餐饮安排、酒店安排等。

二 当面仔细、反复核对相关信息

领队一个重要的工作就是检查、核对相关资料。这些资料往往决定着游客是否能顺利出入境、能否登机等。虽然 OP 之前已经核对过,但领队是确保这些资料正确与否的最后一个环节,所以千万不可大意。

核对的资料主要包括以下几种。

(一)检查护照

护照是公民出境后的唯一的合法身份证明。旅行社为游客所办理的机票、签证等都是

以护照信息为准。领队应持有游客的护照或护照复印件来核对机票、签证等信息。

领队需要核对以下资料。

(1)护照上的姓名、护照号码、性别、签发地、签发日期、有效期等是否与《出境名单表》、签证、机票单上的一致。

(2)护照的有效期是否在半年以上。

(3)是否留有足够的空白页。

(4)护照有无破损等。

(二)检查签证

签证一般有贴在护照内的或单独打印在一张纸上的两种情况。无论哪种情况都应该仔细检查以下内容。

(1)所有游客及领队是否都持有签证。有些国家对中国实行的是落地签政策,即落地后才办理签证。而有的国家或入境口岸是免签。

(2)签证的签发日期及截止日期。这里主要是防止出现行程还没有结束而签证已经到期或签发日期后于行程开始日期的情况。

签证上的信息是否对应护照上的信息,如姓名、性别、出生日期等。并非所有的出境团都会在出发之前做好签证,有些国家对持有中国护照的中国公民执行落地签政策。

落地签政策是该国在入境口岸设置签证窗口,中国公民可以到达该国入境口岸时当场提交资料办理签证,如泰国、越南、缅甸等。有些国家或地区、出入境口岸对持有中国护照的中国公民实行的是免签政策,即不需要签证凭护照即可入境。

(三)检查《中国公民出国旅游团队名单表》

按照《中国公民出国旅游管理办法》的规定,《中国公民出国旅游团队名单表》(简称《出入境名单表》)是由国务院旅游行政管理部门统一印制,再由省、自治区、直辖市旅游行政部门核发给组团社。组团社组织安排出境旅游团队应填写《出境名单表》。该表一式四联,分为出境边防检查专用联、入境边防检查专用联、旅游行政部门审验专用联、旅行社自留专用联。领队只需携带出、入境边防检查的两联即可。

OP给领队的《出入境名单表》,领队应核对以下内容。

(1)确保所有人的信息都已经进入《出入境名单表》。

(2)出入境名单表上的信息与护照一致。例如,姓名、性别、护照号码、出生地等。

(3)出入境名单表是否盖章。

(四)检查机票单

机票单是电子机票的凭证,一般办理出入境登机手续时,航空公司都会以机票单上的信息为准,故机票单上的游客信息务必准确。

(1)乘机人的姓名、性别、护照号是否正确。有时机票单上没有护照号,但一定会有乘机人的姓名,姓名用拼音显示。

(2)乘机日期、航空公司、航班号、航班起飞落地时间、起止机场是否与接待计划一致。

(3)了解是否含有行李票、免费托运行李的件数及重量,是否有含简餐等。(境外有些航空公司会把相关信息用代码显示在机票单上,尤其是境外廉价航空公司。)

领队拿到计划后,首要任务就是核对以上信息,当发现信息有误,应第一时间反馈给OP,必要时要配合OP解决相关问题。

三 收集信息,做好预演

当领队核对完相关信息后,领队应对团队信息进行收集、整理和分析,并制定出带团思路、重点注意事项及相关应对措施。

(一)掌握游客基本信息

掌握团队性质、游客职业、性别比例、年龄层次、文化程度等信息,并对以上信息做出分析、归纳。

(二)掌握行程基本信息

(1)飞行时间、机型、行李免费托运件数及重量,有无飞机餐等。不同的航空公司、不同的线路对免费托运行李的规定会有不一样。哪怕同样每人都是23公斤免费行李托运,有的航空公司没有规定行李箱件数,而有的航空公司则明确规定了每人只能托运一件行李箱。

(2)酒店位置、设施、服务等。如酒店周边是否有便利店或超市、酒店是否有游泳池和健身房、酒店是否提供免费Wi-Fi、酒店房间设施设备如何等(在一般情况下,接待计划中都有酒店名称,领队可以在网上查到酒店的相关资料及口碑)。

(3)了解旅游目的地的基本概况。例如,地理位置、历史文化、民风民俗、经济政治、宗教信仰、相关法律、禁忌等。

(4)了解景区的特点、城市与城市之间的距离、车程、接驳交通方式等。

(5)了解行程中的自费项目及购物项目。领队应对行程中的自费项目及购物项目有一个清晰的认知。必须对行程当中可推荐的自费项目的个数、自费项目的特点、收费情况、游览时间、安全系数及购物项目的次数、时间、地点、特色等做到心中有数。

对行程进行预演、推算,并根据掌握的基本情况做出最合适的带团方案及充分的准备,对行程中可能会出现的问题制定相应预案。

领队的工作经验一部分来自带团中遇到及解决的问题,另一部分来自出发前做好的预演、推算及相关准备和预案。

所谓的预演、推算是指领队在出发前,在脑中或纸上将整个行程模拟一遍或数遍。特别是办理登机、办理出入境手续等环节,要反复推敲。在模拟的过程中找到可能会发生突发事件的地方,并制定出尽量避免以及事后处理的方案。

任务拓展

××旅行社王导将于2017年8月4日带团前往捷克等4国。请根据以下团队信息资料(包括《团队出发参考通知书》《捷克、奥地利、匈牙利、意大利4国14日参考行程》《游客护照信息表》、机票单信息、《中国公民出国旅游团队名单表》),思考王导该如何完成接团任务?

工作任务二　召开行前说明会

任务导入

张导将于2017年7月3日带团赴泰国,6月28日公司将安排行前说明会。张导将在行前说明会上讲些什么内容?

行程资料如表2-5、表2-6所示。

表2-5　《泰国0702团队出发通知书》

参考行程:
参考航班(具体时间以实际航班时间为准)
07月03日　　长沙—曼谷 OX621　　CSX-DMK　　09:50—12:10
07月09日　　曼谷—长沙 OX620　　DMK-CSX　　06:30—10:50

日期	交通	景点及交通	餐食	住宿
第一天	飞机	长沙—曼谷(飞行时间约3.5小时)参观人妖歌舞表演 　专车抵达指定地点接团,送往黄花国际机场,搭乘豪华客机飞往"天使之都"——【曼谷】。抵达后接受美丽的小姐献上鲜花及祝福。 　观看人妖歌舞表演,之后乘车前往酒店。 　入住酒店后当日的旅游行程结束,到次日早餐前的时间段为旅游者的自由活动期间,请游客注意人身与财产安全。	早:自理 中:自理 晚:视航班时间而定	曼谷

续表

日期	交通	景点及交通	餐食	住宿
第二天	汽车	大皇宫—玉佛寺—阿兰达皇家博物馆—五世皇柚木行宫—昭帕雅夜游湄南河 参观【大皇宫】(100分钟),它由一组金碧辉煌的建筑群组成。随后参观泰国人民最尊敬的【玉佛寺】,按泰国传统,泰王每年亲自为玉佛更换袈裟:热季换上镶红宝石的金衣,雨季穿着缀有蓝宝石的金衣,而凉季则是一件纯金的金衣。午餐于金皇宫或印象暹罗进行自助餐,午餐后参观【阿兰达皇家博物馆】,它是泰国近年新开放给市民参观的皇家博物馆。由于泰皇访问欧洲时非常喜欢意大利的建筑,返国后,泰皇即聘请意大利著名建筑设计师为他打造了阿兰达皇家博物馆。除了漂亮的建筑以外,馆内也有许多珍贵的皇家珍品,非常漂亮。(每逢周一闭馆)。之后前往【五世皇柚木行宫】,此建筑全是以金黄柚木所建造,您所熟悉的"国王与我"的故事就是发生在这里。行宫内展示王室所珍藏的金银珠宝及古董价值连城,令您大开眼界。【昭帕雅夜游湄南河】在船上享用自助餐,边欣赏两岸五光十色的夜景,欣赏泰国人赖以为生、又名"妈妈的水"的湄南河;酒店、寺庙的灯光不断,胜似泰晤士河两岸。团友们沐浴在星光下,享用餐边观景边欣赏菲律宾歌手的演唱,并可至游船一楼跳舞狂欢。 入住酒店后当日的旅游行程结束,到次日早餐前的时间段为旅游者的自由活动期间,请游客注意人身与财产安全。	早:酒店内 中:泰式风味餐 晚:昭帕雅	曼谷
第三天	汽车	珠宝中心—皮包中心—芭提雅—东芭乐园—东方公主号 早餐后乘车前往泰国著名的海滨度假区——芭提雅。参观【珠宝中心】和【皮包中心】。下午【东芭乐园】(不少于90分钟),接着参加【东方公主号夜游暹罗湾狂欢派对】(不少于1小时),登上游船,享用啤酒、可乐(无限畅饮),您可一边欣赏暹罗湾迷人的夜景,一边与泰国的人妖共舞。 入住酒店后当日的旅游行程结束,到次日早餐前的时间段为旅游者的自由活动期间,请游客注意人身与财产安全。	早:酒店内 中:泰式风味餐 晚:围桌餐	芭提雅
第四天	汽车	乳胶中心—水晶岛—金沙岛 早餐后,前往【水晶岛】和【金沙岛】这里"海中有岛,岛中有湖,湖中有岛",风景秀丽,沙子洁白纤细,海水清澈见底,构成了罕见的海上奇观。随着潮水的涨落,岛的宽度不断变化,使得整个岛屿仪态万千。在这里,您可以自由自在地欣赏芭提雅的美景,惬意享受沙滩日光浴。 入住酒店后当日的旅游行程结束,到次日早餐前的时间段为旅游者的自由活动期间,请游客注意人身与财产安全。	早:酒店内 中:泰式风味餐 晚:泰式风味餐	芭提雅

续表

日期	交通	景点及交通	餐食	住宿
第五天		鳄鱼湖—骑大象—泰北民族村 　　早餐后,前往鳄鱼湖【垂钓鳄鱼】(30分钟),体验凶猛的鳄鱼快速翻腾旋转扑食瞬间,让人不寒而栗。 　　接着去【泰北民族村】参观孤军装备展览室、毒品与战争展览馆、坤沙历史等。 　　入住酒店后当日的旅游行程结束,到次日早餐前的时间段为旅游者的自由活动期间,请游客注意人身与财产安全。	早:酒店内 中:泰式风味餐 晚:泰式风味餐	芭提雅
第六天	汽车	热带水果园—土特产—毒蛇表演—神殿寺—Kingpower 　　【水果园】果园占地200多亩,可参观园内各式各样的水果树,感受田野风光,之后果园园主会准备各种时令水果,让游客一饱口福。途中【特产店】,后前往泰国毒蛇研究中心,欣赏【人蛇大战】。后前往【神殿寺】。【Kingpower免税店】自由选购,并享用皇权国际自助餐,各国美食尽情享用,选购丰富的免税品。 　　入住酒店后当日的旅游行程结束,到次日早餐前的时间段为旅游者的自由活动期间,请游客注意人身与财产安全。	早:酒店内 中:泰式风味餐 晚:Ramayana自助餐	曼谷
第七天	飞机	曼谷—长沙(飞行时间约3.5小时) 　　到了和难忘的泰国说再见的时候了,由专人办理离境手续,我们登上返程的飞机,祝您旅途愉快!搭乘国际航班返回长沙,结束东南亚旅游行程。		温馨的家

提示:我社本着服务为本,客户至上的原则,最大限度地按原定行程安排履行,但针对行程中不确定因素,如具体航班时间,地接社与酒店的具体名称、地址等,最终以《出团通知单》为准,希望游客予以理解与配合。

包机特别说明:
　　1. 此产品为组团社提前出资买断机位包机之形式,合同一经签订,旅游者的飞机机位不可取消或推延,否则全损,敬请留意!
　　2. 包机产品航班时间可能因为航空公司原因而有所调整,具体时间以实际航班时间为准。如遇航班时间变更,组团社有义务进行协调安排。在组团社没有过错和不减少行程的情况下,组团社不承担相应赔偿责任。
　　敬请谅解!

特别注意事项:
　　境外不得擅自离团,若私自离团,境外有权以逃脱为由报警处理,将对客人以后出境游造成不良影响。
　　港澳台同胞和外籍游客在参团时,请务必带您的护照、回乡证等所有出入境有效证件,若游客因自身出入境证件而产生的任何问题,一切后果由游客自行负责。

表 2-6 游客护照信息表

	姓名	英文名	性别	出生年月日	出生地	签发地	护照号	护照有效期
1	龚梦云	GONG MENGYUN	F	1978/5/22	湖南	湖南	E80639050	2027/05/06
2	屈利兵	QU LIBING	M	1973/10/20	湖南	湖南	E54554484	2027/05/20
3	李桂香	LI GUIXIANG	F	1969/01/13	湖南	湖南	E87800442	2023/12/23
4	宋利玲	SONG LILING	F	1977/01/19	湖南	湖南	E10452587	2027/05/18
5	张春林	ZANG CHUNLIN	F	1976/11/07	湖南	湖南	E28491150	2027/06/12
6	彭景余	PENG JINGYU	M	1977/11/05	湖南	湖南	E10184008	2026/04/13
7	廖亚丽	LIAO YALI	F	1979/07/31	湖南	湖南	E59228546	2027/06/08
8	佘碧华	SHE BIHUA	F	1969/08/27	湖南	湖南	E59221333	2026/12/10
9	罗金花	LUO JINHUA	F	1955/07/06	湖南	湖南	E59608677	2027/06/29
10	高霞	GAO XIA	F	1977/01/01	湖南	湖南	E59257076	2027/06/30

任务解析

领队在行前说明会上不仅需要把相关的安排和注意事项交代清楚,还要回答游客的问题。所以,在行前说明会召开前,领队应该有针对性地做些准备。

(1)小张应该将整个行程的基本情况向游客进行说明。例如,本团行程表显示为 7 月 3 日乘 OX621 于 9:50 起飞赴泰国曼谷,整个行程计划 7 天,主要游览曼谷和芭提雅两个城市,7 月 9 日早上 6:30 从曼谷飞长沙。

(2)小张需要将泰国与国内不同的生活习惯进行说明,让游客有意识地做好准备和调整。如时差,泰国慢北京一个小时,下飞机后要把手表调慢一个小时。泰国使用泰铢,领队应提醒游客出发前兑换好泰铢。银联卡在泰国免税店可以使用。

(3)相关安全方面及文明旅游注意事项要进行重点说明。比如说,泰国是执行的右舵制,即车辆靠左行驶。这一点恰恰与国内相反。由于习惯不同,经常发生事故,领队事先就要向游客交代清楚。

(4)小张还应该根据游客的具体情况进行有针对性的提醒。如根据游客名单信息显示,绝大多数游客的护照有效期为 2027 年,也就是说这些游客都是 2017 年办理的护照。从而基本可以推断出这些游客为初次出国。对于初次出国的游客,领队一定要把提醒工作做细。比如说行李准备,初次出国的游客因为不清楚当地情况可能会准备很多行李,同时他们又不知道要带多少特产回国送人,所以会准备一个很大的行李箱或几个行李箱,这样容易造成托运行李超重、超量从而需要额外购买高额行李票。领队应该提前告知游客关于行李托运的规定,并提出合理建议。还有就是初出国门的游客,对海关、边检的规定可能也不清楚,领队应该详细说明这些情况。

(5)小张应该根据行程特点进行有针对性的提醒。这个行程是一个常规的泰国芭提雅旅游线路。这条线路的特点是经济实惠,但行程中的自费项目及购物活动比较多。一般来说,比较适合初次出国旅游或缺少境外旅游经验且预算不是特别多的旅游者。带这条线路,领队必须要均衡各方利益。最需要注意的就是出发前领队要让游客做好思想准备,并对自费项目和购物进行必要的、合理的引导及提供相关建议。到当地后,领队跟地接导游的沟通和配合一定要到位。

(6)小张还应该找到游客有可能忽视的问题进行提醒。例如,航班出发时间为上午9:50,那么意味着7:50所有游客要到机场集合。一般来说,市区到机场为50分钟左右,也就是说游客一般会选择7:00从家中出发。而7月3号是星期一,早上出门容易堵车。在行前说明会上,领队要就这一情况向游客做出提示和建议。

相关知识

行前说明会十分的重要。按照相关法规及国际惯例,在旅行社组织游客出境旅行、访问前必须召开行前说明会。

行前说明会召开的时间一般是由旅行社来决定并通知游客。而当值领队一般是行前说明会上的主讲,所以,行前说明会也是领队和游客在出发前的见面会。

游客在出行前都会拿到一份印有旅程详细内容的出团通知书,但由于出团通知书的信息量比较大,很多游客并不会仔细阅读,所以,必须把里面较为重要的内容以口头形式告知游客,并对游客提出的疑问进行解答。

一 行前说明会的内容

(一)就旅游交通的安排及相关注意事项告知游客

(1)机场集合时间、集合的航站楼等。

(2)航班号、起飞及落地时间、飞行时长、有无飞机餐等。

(3)行李托运相关注意事项,包括行李安检知识、免费托运额度。

(二)就旅游目的地行程安排如实地介绍给游客

(1)行程安排包括行程天数、游览的国家、地区、城市、景点、游览的时间及游览的注意事项等。

(2)行程安排包括团队的分房情况及酒店的环境、星级、名称、设施、是否提供免费Wi-Fi等。关于酒店是否提供免费的Wi-Fi是中国游客较为关心的问题之一,有些国家和地区的酒店可以提供免费的Wi-Fi,而有些国家和地区的酒店Wi-Fi以付费为主。

(3)行程安排包括当地餐食的习惯、口味、用餐环境等。

(4)行程安排包括当地的交通接驳、车程、路况等。

(5)行程安排包括当地购物环境、特产、行程中自费项目的安排等。

(三)就目的地与国内生活不同的地方进行说明

(1)货币汇率、兑换方法、物价水平等。

(2)当地通用的电压及插座。

(3)当地与中国的时差等。需要特别注意的是有些国家执行夏令制,当执行夏令制时,会将时间调快1小时。

(4)道路通行方向。道路通行方向可分为车辆靠道路左侧行驶和靠道路右侧行驶两类。

中国内地实行的是左舵驾驶,即车靠右行驶。而有些国家如日本、泰国、澳大利亚等国家实行的是右舵驾驶,即车行方向为左侧,与中国内地完全相反。游客去这些地方旅游,由于没有适应此交通规则,极易发生交通安全事故。

(5)即时通信问题。游客可以通过以下三种途径来解决即时通信问题。

第一种是拨打长途电话,这需要手机开通国际漫游业务。具体开通方式需要询问当地信息运营商。境外拨打国内手机号码的拨打方式是:中国区号(0086)+需要拨打的手机号码。

第二种方法是使用 Wi-Fi。随着移动 Wi-Fi 的普及,越来越多的游客使用微信、QQ 等即时通信软件与国内亲人联系。为此,中国移动、电信、联通等运营商都推出了境外流量包(使用者也需要开通国际漫游业务),游客如不想开通国际漫游,也可以租用随身 Wi-Fi 机,Wi-Fi 的使用极大地降低了通信费用。

第三种方法是购买当地的电话卡。这种方法不需要开通国际漫游或持有额外的设备,操作简单、方便,无论是打电话还是使用 Wi-Fi,价格都很低廉,信号也不错。

(6)相关风俗习惯及法律法规、国家政体、宗教信仰等。

(四)告知出、入境相关知识

包括告知出、入境,过海关、边检、检验检疫的流程、注意事项及所需要携带的证件。

中国游客的购买力全球瞩目,但因为很多游客并不清楚相关海关规定,以至于回国时常常面临高额的海关补税或被罚没等处罚。所以,领队必须在出发前就向游客讲清海关的相关规定。

> **拓展阅读**

★关于免税额度：

海关总署公告2010年第54号（关于进境旅客所携行李物品验放标准有关事宜）。为进一步增强海关执法透明度，方便旅客进出境，明确进境旅客行李物品征免税规定，规范和统一海关验放标准，现就有关事项公告如下：

一、进境居民旅客携带在境外获取的个人自用进境物品，总值在5000元人民币以内（含5000元）的，非居民旅客携带拟留在中国境内的个人自用进境物品，总值在2000元人民币以内（含2000元）的，海关予以免税放行，单一品种限自用、合理数量，但烟草制品、酒精制品以及国家规定应当征税的20种商品等另按有关规定办理。

二、进境居民旅客携带超出5000元人民币的个人自用进境物品，经海关审核确属自用的；进境非居民旅客携带拟留在中国境内的个人自用进境物品，超出人民币2000元的，海关仅对超出部分的个人自用进境物品征税，对不可分割的单件物品，全额征税。

三、有关短期内多次来往旅客行李物品征免税规定、验放标准等事项另行规定。

★关于免税烟酒限量：

《海关总署令第58号》规定：香港、澳门地区居民及因私往来香港、澳门地区的内地居民，免税香烟200支，或雪茄50支，或烟丝250克；免税12度以上酒精饮料限1瓶（0.75升以下）。其他旅客，免税香烟400支，或雪茄100支，或烟丝500克；免税12度以上酒精饮料限2瓶（1.5升以下）。对不满16周岁者，不享受上述免税额度。

特此公告

2010年8月19日

★关于货币现钞限量：

中国公民出入境、外国人入出境每人每次携带的人民币限额为20000元。

出境人员携带不超过等值5000美元（含5000美元）的外币现钞出境的，海关予以放行；携带外币现钞金额在等值5000美元以上至10000美元（含10000美元）的，应向外汇指定银行申领《携带证》，携带超过等值10000美元的外币现钞出境，应向外汇局申领《携带证》。

（五）领队应交代的文明旅游及安全旅游注意事项

(1)领队应强调文明旅游、时间观念强、团队意识等。

(2)领队应就行程中的安全注意事项及可能出现的不可抗力的情况进行提示。

（六）回答游客的提问

在行前说明会进行时，一些心急的游客往往会不时地打断领队的讲解并提出一些问题,很多经验不是特别丰富的领队往往就被他们的提问打断了讲解思路。所以,在行前说明会开始时领队应该跟游客说明:由领队先介绍情况,介绍完以后会专门留有时间进行提问。

(七)签署相关文件

如说明会签到表、物品申领表、安全提示告知书等。

二 行前说明会中领队需要注意的事情

这是领队首次与游客见面,是领队在游客面前树立起专业、热情的职业形象最关键的一步。所以领队应该认真对待说明会,尤其注意以下几个方面。

(一)比预定时间提前30分钟到达会场,并对会场设备进行检查及相关服务进行落实

如需要使用音响、灯光、投影等设备需要提前落实检查。同时也要根据预估人数准备茶水、资料、座椅等。

(二)制作精美的PPT展示

行前说明会除了交代相关的旅游注意事项,同时也有勾起游客对旅行充满期待的作用。通过精美的图片展示能够激发出游客对旅游目的地的兴趣。

(三)以良好的精神面貌出席

首次见面,领队留给游客的印象是很重要的。领队通过这次见面应该给人留下阳光、干练、开朗、热情的职业形象。

(1)女领队应化职业淡妆,把长头发扎起来,不涂指甲油。

(2)男孩子不蓄长发、胡须。

(3)不穿过于暴露、另类的服装及使用夸张的饰品,不染头发。

(4)注意个人卫生,身上不留异味。

(5)应代表旅行社对游客的参团表示感谢,并对接下来的行程表示期待、希望与祝福。

(四)做到细心、耐心

(1)回答客人问题时一定要耐心,并给出明确回答。如果不能当场回答的,要做好记录,落实后再告知游客。

(2)对于注意事项要反复多次交代,每次交代都要听到游客的反馈。

(五)会议记录

领队要做好会议记录,并请全体参会人员签字。

三 行前说明会的补救

有时候,难免有游客因为个人原因本人无法前来或安排同行代表来参加行前说明会,领队应对这些游客采取补救措施:

(1)给未能出席的游客打电话,简明扼要地对行前说明会的重点内容进行说明,并将会议记录的内容以短信或微信等形式发给其阅读。

(2)将需要补充签署的文件及应发给游客的物品带给游客。

任务拓展

请你模拟开展一次行前说明会。团队信息资料见如下二维码。

工作任务三 准备团队资料及领队行装

任务导入

张导将带团去泰国,出发前需要填写一份泰国的入(离)境卡。入(离)境卡的模板如图2-1所示,并要翻译出相关内容,用于指导、协助游客填写入(离)境卡。

任务解析

(1)对于领队而言,入(离)境卡的填写内容可以分为以下三类。第一类是可填变动信息,意思就是可以由领队代为填写的内容不一致的信息,如名字、生日、性别、护照号等,每位游客的信息不一样,但可以由小张代替填写。第二类是可填固定信息,意思是可由领队代为填写的内容一致的信息,如国籍、航班号、航班类型、是否跟团、签证类型、出发港口等属于固定信息。第三类是不可填写的信息,如签名、收入情况等,小张可以帮助游客把可填写的信息(包括变动及固定信息)填写好,把不可填写的信息翻译出来让游客自己填写。

(2)小张在填写变动信息的时候一定要仔细核对。如果填写错误,则极有可能给游客的出入境带来很多麻烦。如果团队人数较多,长时间的填写会有视觉疲劳和精力分散,容易填写错误。所以,为了提高填写效率,降低失误,小张可以分两次填写,第一次把所有的入(离)境卡可变动信息填写完,因为此时精力较为集中,不容易出错。第二次把入(离)境

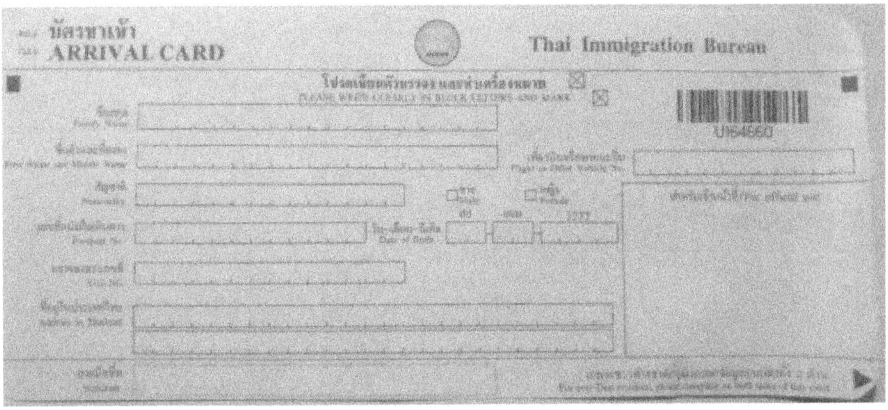

(a)

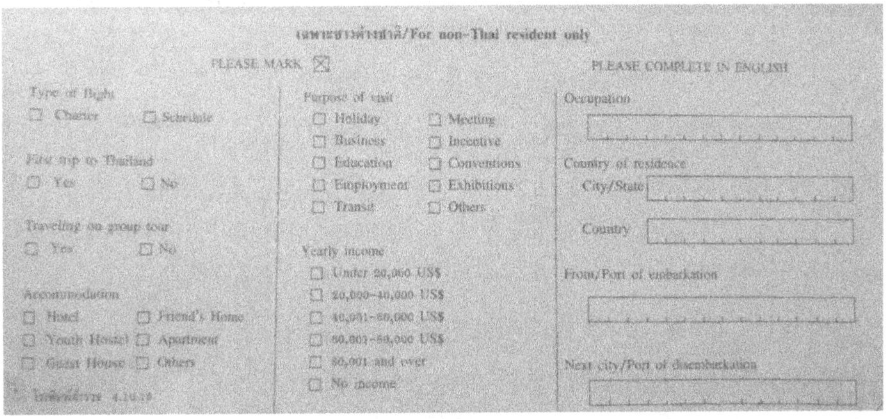

(b)

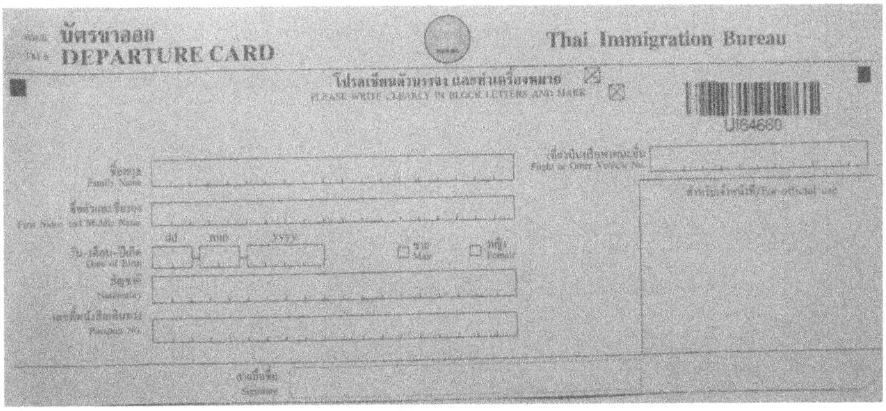

(c)

图 2-1　泰国的入(离)境卡

卡的固定信息填写完,因为内容固定,只需依葫芦画瓢,即使精力不济,也不容易出错。

相关知识

为确保行程顺利,领队在出发前还有几天时间的进行最后准备工作。领队要利用这段时间进行出发前的资料收集、核对、完善、归纳等工作。同时也要准备好自己的行装。

一 进一步完善资料

(一)填写入(离)境卡、海关申报单等资料

领队有一项准备工作就是协助游客填写入(离)境卡和海关申报单。

大部分国家入境时需要提交入境卡,离境时同样需要提交离境卡。入境卡和离境卡往往是印在一起的,也有的是分开的。一般来说,在飞机上空乘人员会发放入(离)境卡,即使没有发放,在机场办理入境的柜台前也会摆放,由入境游客自行领取。

很多国家游客入境时还需要给海关部门交付海关申报单。

一方面由于目前中国游客英文水平普遍有限,尤其是很多年龄较大的游客无法自行完成填写,另一方面为了节省填写时间,避免不必要的麻烦和误会,所以,很多领队会在出发前帮助游客填好基础内容。填写入(离)境卡和海关申报单时需要特别注意:

(1)如实填写相关信息。反复检查填写内容。

(2)只可代填写基础信息,如姓名、性别、护照号、航班、入境口岸等。领队无法查证的信息,比如,是否被其他国家拒签、是否有犯罪记录、是否携带违禁物品等需要向游客进行充分说明、解释后,方可以代替其填写。

(3)领队不能代替客人签名。所有签名处应由客人自己签名。在游客签名前,领队必须如实告知相关内容。

(二)备份使用频率高的资料

使用频率高的资料,如游客信息表、分房表等几乎每天都要使用。由于这些资料的使用频率高,所以容易破损、遗失或不够填写等,因此,领队在出发前还需多准备几份。

二 再次检查和归类资料

(一)检查资料是否齐全、是否准确

领队在领取团队计划的时候就应该对资料进行过核对,出发前应再次核对。这样操作,一方面可以对资料进行检查,另一方面可以加深领队对游客的了解。

（二）对资料进行合理归类

领队的行李中携带大量团队资料，寻找起来会很不方便，所以需要对资料进行科学的归类。我们一般按以下三种方式进行归类。

(1)按使用的先后时间进行归类。

(2)按使用的频率进行归类。例如，把经常使用的资料归一类（游客联系表、分房表、行程单等），把不经常使用或只使用一次的资料归一类（机票单、出入境名单表、游客意见表等）。

(3)按资料的性质进行归类。例如，把必须给到游客的资料（入境卡、个签、护照等）归一类、把领队自己用的资料归一类（联系表、分房表、行程计划书等）、把由领队交给相关部门查验的资料（出境名单表、团签、机票单等）归一类。

当然不管按哪种方法归类，目的就是当领队需要某种资料时能以最快的速度找到。

三 其他准备

（一）再次对重点环节及衔接工作进行预演、推敲

领队在出发前能否做到心中有数、运筹帷幄，主要取决于领队对相关行程、各环节流程、游客特点的熟悉程度。领队应在心中对行程做多次预演、推敲，并对曾经带团的经历进行回顾。

（二）了解目的地国家近况

了解目的地国家近期发生的新闻事件、时事热点，关注当地天气变化等。

四 领队的行装准备

领队的行装主要由带团必备物品、工作辅助用品、个人生活用品三项组成。需要注意的是领队的行装应以少而精为主，尽量做到轻装上阵。

（一）带团必备物品

领队带团必备物品主要包括以下几项内容。

(1)护照、签证、机票单等。

(2)行程单、出团通知、分房表、游客名单表及其他辅助说明文件。

(3)出入境名单表、入（离）境卡。

(4)领队身份标识牌、旗杆、旗子。

(二)开展工作的辅助物品

领队开展工作的辅助物品主要包括以下几项内容。

(1)通信用品。

(2)便签条、笔、标签、皮筋、胶水等文具。

(3)预备不时之需的小礼品。

(三)个人生活用品

领队个人生活用品主要包括以下几项内容。

(1)个人服饰、生活必备用品。例如,衣服、鞋子、眼罩、充电器、转换插头、少量当地货币等。

(2)常用药品、防护品。例如,雨伞、防晒霜、太阳镜、个人药品等。

任务拓展

为了督促并提醒领队在出发前做好相关物料准备、确保不遗漏物品,请你为某旅行社领队设计一份领队行前备忘表(物品清单)。

项目三
中国出境服务

◇ 知识目标

1. 掌握团队出境流程。
2. 掌握国际航班的乘机手续办理。
3. 掌握团队出中国海关以及中国边检的相关规定。

◇ 能力目标

1. 能和游客进行有效沟通。
2. 学会收集整理相关信息。
3. 能集中游客并召开机场说明会。

◇ 素质目标

1. 培养学生与游客沟通的能力。
2. 培养学生的语言表达能力。
3. 培养学生对突出事件的处理能力。

《旅行社出境旅游服务质量》对领队应当提供的"出入境服务"提出了相关规定：

领队应告知并向旅游者发放通关时应向口岸的边检/移民机关出示/提交的旅游证件和通关资料（如出入境登记卡、海关申报单等），引导团队依次通关。

向口岸的边检/移民机关提交必要的团队资料（如团队名单、团体签证、出入境登记卡等），并办理必要的手续。

领队应积极为旅游团队办妥乘机和行李托运的有关手续,并依时引导团队登机。

工作任务一　团队集合

任务导入

17点30分××旅行社领队小敏来到了长沙黄花国际机场4号门国际出发厅,进门后首先跑到了电子显示屏前查看自己的航班值机柜台,然后找了一个离柜台比较近的休息区等候游客的到来。

表3-1是小敏的出团通知书,请认真查看,并思考以下问题。

1.小敏提前了几个小时到达机场,为什么?

2.小敏到达机场后,在游客到达前要做哪些准备呢?

3.小敏集合游客后应该要做些什么?

表3-1　出团通知书

致:先生/小姐			
欢迎你们参加我社的出国旅游团队,请准时集中,逾时不到,作自动放弃出团。请仔细阅读以下关于集中时间、地点以及需携带资料和相关注意事项。			
团号线路	20160324 南航新马6日游		
出团日期	2016年03月24日	回团日期	2016年03月29日
特别提示	【敬告所有即将出行的朋友】此出团书出签有效 　1.机场安检要求,凡出境的游客,除所必须持有的(护照)外,还必须携带本人的(身份证),才可办理出关手续!请大家相互转告,以免影响出行!没有身份证可带户口本或居住证或社保卡。 　2.通关时,机场移民局会视情况检验旅客携带现金数额是否足以支付在马期间的费用开支。对此,客人出境携带至少1500马币(约合500美元)。这是马方结合其生活消费水平内部设定的"标准"。		
参考航班时间及其说明	03月24日　长沙CSX—吉隆坡KUL　CZ8401　2050-0130+1 03月29日　吉隆坡KUL—长沙CSX　CZ8404　0735-1215		
	关于航班时间的备注说明:航空公司有权调整航班时间,以上时间仅供参考,具体以航空公司最后发布为准。请游客万勿安排紧密交通连接,以免不能搭上下段交通,由此造成的损失,旅行社不承认责任。		

续表

集合时间地点与注意	1.请 03月24日下午18:00抵长沙黄花机场新航站楼(T2航站楼出发大厅)4号门集合。 2.请携带您的<u>有效护照原件(在领队手上)+第二代身份证原件</u>出团。护照必须有半<u>年以上有效期(按客人回国之日算起)及至少三张以上的空白页</u>。 3.临行前请一定仔细阅读"备注"以及"中国公民赴新马旅游注意事项"。 4.请客人注意人身和财产安全,特别是水上活动和自由活动期间。
领 队	小敏 13574437856(请核对名单)
请核对客人出行名单	胡松　刘倩　章燕　王建雪　张淑梅　周华香　石小云　戴建强　王麒尧　陈华峰 张启　梁海宾　赵琼　杨雪珊　刘泉福　吴再双　刘金祥　彭爱君　周华德　傅小玲 邓盾　邓玉　刘兰　王峰　陈燕萍　谭红武　彭海云　周曼思　彭定清　周月秋 胡双　李文翠　刘松林　彭淑媛　周春香　刘国胜　柏翠兰　曾秋玲　李惠元　小敏 39+1

任务解析

(1)小敏带的团队是一个散客拼团,游客在机场集散,一般最少提前3个小时到达机场,国际航班提前2个小时办理手续,剩余的一个小时主要是留给领队开行前说明会和提醒通关注意事项,收集游客相关证件等。该团队是一个新马团,需要提前送签,护照在旅行社由领队统一领取保管不需要收取证件。该团飞机起飞时间是20:50,要求客人18:00集合。

(2)小敏在团队集合时间之前半小时到达,可以在游客达到之前做好相应准备。首先可以通过电子显示屏或者问询台了解航班状态和值机柜台,同时利用游客到达之前的时间可以再次检查携带的游客护照以及签证情况等,在等候时需要随时关注游客到达情况。

(3)小敏集合游客之后,首先需要在机场组织客人开一个简短的行前说明会,内容主要是目的地介绍、通关流程以及注意事项和托运注意事项;其次如果有游客还需要兑换外币、租赁Wi-Fi或者购买境外电话卡等可为其提供相应协助;再次如果需要代表旅行社收取杂费等相关费用也可利用该时间段处理。

相关知识

按照相关规定,游客应于飞机起飞前3小时抵达机场指定集合点。领队应比指定集合时间提早15分钟抵达。

一 团队集合

一般情况下,旅行社出境团队操作人员会在出团通知书上写明出发集合时间地点,领队和销售人员会提前通知游客机场集合时间。出发前一天,领队会以短信形式再次告知游客集合时间地点、出团注意事项并做好提醒工作。领队在通知游客的集合时间时,要充分考虑到各种因素,留出较为充足的机动时间。

(一)领队到达

团队出发当天,领队应当比规定时间至少提前15分钟赶到机场、车站、码头等出境口岸的集合地点。到达集合地点后,领队需要举起导游旗或者团队信息牌,方便游客找到团队。同时保持手机始终开启,随时关注游客的微信和来电,了解游客抵达的即时信息。

领队到达后,需要选择游客容易认找的地方作为集合的地方,并在提前通知的短信里具体说明,将明确地点告知游客,如"长沙黄花国际机场出境大厅4号门内",游客赶到集合地点时,标示明确,容易认找。

(二)游客签到

当游客陆续达到时,领队应拿出团队名单表给抵达的游客签到。领队在点名称呼游客姓名时,需注意礼貌用语,如"张三先生"、"李四女士"等,同时注意眼神交流和微笑招呼,要在短时间内做到互相熟悉、记住游客姓名,以方便后期工作开展。

在临近规定集合时间仍有游客未抵达,领队需要主动联系,确认游客位置,预计抵达时间,做好预案,不耽误整个团队的行程。

(三)特殊情况处理

1. 游客迟到

在规定时间内游客未能抵达机场集合处,原因多种多样,如交通堵塞、意外事故、游客个人原因等,游客迟到的相关问题处理是领队必须要面对和掌握的。

尽管领队提前告知游客准时到达机场,但还是经常会有游客机场集合时迟到。旅行社要求提前3小时到达,领队在机场完全有应变时间,这种情形下,领队可以先召开机场说明会,边安排机场服务边等候迟到的客人。如果已经到了办理乘机手续的时间,游客还没有按时抵达,这时候领队应该见机行事:如果领队持有所有游客护照,此时可以拿着游客护照直接办理登机牌,一边办理手续一边等候游客。在等候游客时,可以将行李托运注意事项先告知迟到的游客;另一种情况是护照还在游客手中,领队需要和柜台值机人员协商,让迟到的游客单独办理,领队先办理其他游客的登机手续,安排其他游客办理行李托运等,这样可以保证团队有足够的通关时间。

2.游客取消行程

游客取消行程的情况有两种:一种是主动取消,原因有可能是赶不上飞机,突发事故无法按时抵达,没有携带护照及相关证件等;另一种是被动取消,如目的地国拒签、护照污损失效、个人被限制出入境等。处理游客取消行程时领队应该保存好相关文字、图片以及录音资料等,以便后期处理时有据可凭。同时,领队应立即告知旅行社OP,办理团队手续时应该主动告知航空公司以及边检工作人员取消行程的游客姓名。

二 召开机场说明会

在全体团员集合完毕后,领队需要在机场召开机场说明会,告知游客所要办理的手续和相关注意事项。

(一)机场说明会的必要性

召开机场说明会尤为必要,一方面机场说明会是对之前行前说明会的补充和强调,另一方面对于之前没有参加行前说明会的游客来说这是一次弥补的机会。同时,这也是领队和游客相处的开始,是建立领队与游客良好关系的非常重要的环节。成功的机场说明会能够保证游客在行李托运和海关边检通关时顺利完成,避免浪费时间,有利于构建良好的团队氛围,增强团队凝聚力。

(二)机场说明会的内容

1.旅游目的地介绍

关于旅游目的地的介绍主要是对本次行程的介绍,一来和客人核对行程,避免后期因为行程不一致而带来问题;二来给游客介绍目的地国或者地区的概况以及与中国文化的差异,可以让游客对旅游目的地有一个大概了解;三来是可以提醒一些目的地国或者地区旅游的注意事项,避免一些不必要的麻烦和问题。

2.再次告知游客航空公司的诸项规定

领队应该清楚航空公司对乘机旅客的相关规定,并再次提醒游客,在游客办理乘机手续之前,对一些可能出现的问题进行告知。

一是行李托运的标准注意事项,俗称"211"事项:2种必须托运物品,即超过100毫升的液体(包括各种乳状和胶状物品)和各种刀具等锋利物品,1种必须丢弃的物品,即游客的打火机,1种必须随身携带的物品,即所有的锂电池。

二是航空公司的行李规定,主要包括免费行李额重量和行李托运件数和随身携带行李规定。每家航空公司在相关方面规定稍有不同,领队需要提前问询了解并告知游客,避免游客出现行李重复托运和开包检查的情况。

三是航空公司的其他规定,主要包括座位选取和餐食提供等,有些航空公司的餐食和选座都是需要另行付费的,领队需要提前告知游客,避免不必要的争执。

依据民航总局〔2007〕1号《公告》规定:乘坐国际、地区航班的旅客要将随身携带的液体物品(包括液体、凝胶、气溶胶、膏状物)盛放在容积不超过100毫升的容器内;对于容积超过100毫升的容器,即便该容器未装满液体,也不允许随身携带,应办理交运。

3. 出入关口的流程以及注意事项

出中国关口以及入他国关口的手续是游客出国旅游需要非常注意的方面,这也是机场说明会需要重要介绍的环节。中国出关主要包括海关、边检、安检,也就是俗称的通三关,他国入境一般也要过边检移民局和海关。在机场说明会里面需要强调海关注意事项,如禁止携带生鲜食品,烟酒携带有严格规定等;另外,需要强调边检通关注意事项,如不能拍照摄像,不能抽烟和大声喧哗等;最后,还需要提醒安检注意事项,如充电宝必须容量和生产厂家都有清晰标志并需要拿出面检等。

(三) 机场相关服务

1. 收取护照、照片、余款

在机场领队要根据团队情况收取护照、照片,一般做落地签的国家需要收取客人护照和照片,领队也会在团队出发前通知客人以短信和电话形式通知游客携带相关证件与照片。另外,有些时候还有代收款,代收款一般都是杂费或者签证费等,也在此时完成。

2. 协助换取外币、租赁Wi-Fi、购买境外电话卡等

领队在机场还可以协助游客换取外币,租赁Wi-Fi、购买境外电话卡,现在的国际机场相关服务非常完善,一般推荐游客自行购买。

任务拓展

2017年7月8日,小敏将要带团前往芽庄,请参考出团通知书内容,梳理以下问题。

1. 小敏何时需要赶到机场,需要携带哪些团队资料?

2. 小敏在机场集合团队时有哪些工作需要完成?

3. 机场说明会需要包含哪些内容?

工作任务二　办理乘机手续

任务导入

领队小敏拿着所有游客护照来到团队值机柜台给团队游客办理乘机手续。小敏从资料袋里面拿出了一些资料,地勤人员审核过后,开始给小敏打印游客登机牌。

(1)请问:小敏需要提供哪些资料给柜台工作人员?

在打印登机牌过程中,地勤人员发现两位游客的马来西亚签证照片与护照个人信息照片不符,经反复核对发现两人马来西亚签证的照片正好贴错,不予发放登机牌。

(2)请问:小敏碰到该情况如何处理?

任务解析

小敏带领的是新加坡和马来西亚双国游,新加坡办理的是电子签证,机场需要查验电子签证纸质件,另外需要查验回程机票。小敏应该提前准备好相关团队资料或者电子信息资料,并提供给地勤人员查验。

机场大部分国际航班都可以办理团队手续,领队可以把团队的登机牌一次打印出来,然后分发给游客办理个人托运,但是也有些机场有些航空公司需要个人办理,这时候领队需要带领团队办理个人乘机手续,并在旁提供协助。

在办理乘机手续过程中,领队会遇到一些突发状况,导致团队手续办理不顺,最常见的情况是机票信息错误,也会出现签证信息错误的个例。

(1)机票信息错误

领队发现机票信息错误,需要联系OP并反馈情况。领队在等待处理结果时可以先办理其他游客的手续。

(2)签证信息错误

签证信息错误也偶有发生,原因也是多方面的:有可能是旅行社工作人员工作的疏漏,也有可能是在大使馆出签过程中出了差错。这类问题往往在旅游旺季容易出现。该案例中有两位游客的马来西亚签证照片互相贴错,签证信息与护照信息不符,航空公司查验认为该签证无效不予办理乘机手续,是符合相关工作流程的,如果旅行社协调无果,该游客将会被迫取消行程。

该案例中,游客的马来西亚签证照片贴错虽然是大使馆出现了疏漏而不是旅行社的责任,领队也不能轻视,需要安抚游客,耐心解释并说明原因,并及时联系公司,由公司相关人员接手处理并做好相关后续工作。

相关知识

按照《旅行社出境服务质量标准》规定：领队应积极为旅游团队办妥乘机和行李托运的有关手续。领队在带领出境旅游团队时，应当在机场为游客提供相应的服务。

一 集体办理乘机手续

通常航空公司对旅游团有"团队"值机专用柜台（group check in），领队可以为团队统一办理乘机手续，打印登机牌。领队在航空公司值机柜台前有以下几个操作步骤。

（1）交验护照以及相关资料。领队需要事先收取所有游客的护照，准备好团队签证、电子机票单等，到所搭乘的航空公司的值机柜台前，交验全部资料，打印登机牌。在收取护照之时，应该有意识地将小孩、老人与其家人的护照放置一起，并向地勤人员说明情况，争取将座位安排在一起。对于座位已经排好的航班需要向该类游客说明情况，飞机上相互调整。

办理完登机牌后，值机柜台工作人员会将登机牌、护照交还领队。领队需要在柜台当面清点登机牌及护照的数量。

（2）办理行李托运。领队将团队游客集中，再次提醒行李托运注意事项，分发登机牌和护照，并引导游客带好各自需要托运的行李在值机柜台前依次排队办理托运手续。行李托运都是实名制个人托运，领队需要提醒游客保管好行李票据，尤其不能帮陌生人携带任何物品，如果有需要边防海关查验的物品应该主动告知领队并提交查验之后方可办理托运。

二 游客单独办理乘机手续

并非所有的航空公司都可以由领队统一办理乘机手续，有些航空公司会要求游客个人各自办理登机牌并进行行李托运。在这种情况下，领队需要带领游客来到航空公司值机柜台前，让游客自行办理乘机手续，领队需要从旁协助，解答游客疑问，帮助处理相关问题。

在办理乘机手续和行李托运过程中，领队需要随时关注时间，应留有足够的时间通关，以免因为通关排队时间过长而影响团队乘机甚至误机。通常领队要安排先办完托运手续的游客通关，领队需要等待最后一个游客办完乘机手续后方办理自身通关手续。

任务拓展

（1）2017年7月8日晚上七点，小敏的团队游客顺利到达机场集合，准备前往芽庄进行为期六天的海外之旅。一个小时后，小敏准时来到值机柜台前准备替团队办理登机手续，小敏资料里遗漏了以下二维码中的资料,小敏该如何处理?

（2）案例分析。2017年十一黄金周期间,领队马先生带一个"澳洲七日游"的旅游团一行32人,乘澳航从上海飞往悉尼,在上海通过海关检查时受阻:领队马先生新买的一支大牙膏和一瓶头发定型水被海关没收,一位患风湿病的老人拿了7瓶医院熬制的液体中药,也不能随身携带上飞机。领队的东西被没收无话可说,而老太太急得要哭了。海关人员请老人出示医生处方或病历及医院证明,老人均拿不出上述证明。无论怎么说明情况都无效,老人家由于着急,情绪失控哭喊着说花了1万多元一定要上飞机。最后,海关检察官找到领队,让他帮助老人到机场服务处将其中6瓶中药用坚硬的材料包装好,再与办理托运行李柜台的工作人员商量,将托运的行李找出来,把包装好的中药装在行李里,重新托运。老人随身携带一瓶中药上机。

请问:该案例的发生,主要责任人是谁?有哪些方面的原因?该如何避免此种情况的发生?

工作任务三　团队通关

 任务导入

19点30分,小敏团队顺利办完了登机手续和行李托运,在国际出发口集合了团队之后,小敏带领团队依次通关,请问小敏需要通过哪些关口,工作中应该注意什么?

任务解析

团队办理完乘机手续和行李托运后,小敏应该抓紧时间组织团队通关。

（1）小敏应该带领团队通过卫生检验检疫以及中国海关,然后通过中国边检,最后通过安检,进入候机厅。

（2）小敏带领团队游客持好护照,从专门通道进入开始通关,一般中国海关和卫生检验检疫出境检查是X光机检查随身行李,红外线测温仪检查游客身体。如无特殊情况,团队游客从绿色通道通过,通关时间较快。行李过机时容易落下物品,领队需要提醒游客不要遗落物品,特别是护照等相关证件。

（3）通过海关以及卫生检疫之后,小敏要带领团队按照边检工作人员指挥排队通过中国边检。特别需要提醒游客的是边检口岸严禁拍照和大声喧哗,领队应该做好提醒工作。

小敏在通过中国边检时需要提交目的地国团队签证、领队证等资料进行查验,并确保每位游客安全通过中国边检。

(4)通过边检之后还需要进行安检,小敏在排队时应提醒游客将雨伞、电脑、充电宝等需要单独检查的物品提前准备好,以便节省通过安检时间。

(5)通过安检后就进入了隔离区和候机大厅,小敏可以在登机口等待游客并随时关注航班信息。

相关知识

一 通过中国海关,办理海关申报

领队带领团队通过中国海关时,需要注意是否需要进行海关申报,如有申报物品需走红色通道。领队应该提醒团队游客将所有随身携带物品过机检查,拿回行李后迅速离开,切勿滞留。领队一般在团队最后面通过。

领队需要了解海关的各项规定,针对团队情况,做到专业提醒,保证团队顺利通关。

(一)了解中国海关的各项规定

1. 红色通道与绿色通道

外交及礼遇签证旅客,或国家给予免验待遇携带不需要向海关申报物品的中国旅客可由绿色通道通过海关。

以下情况或以下类型旅客应当经红色通道通关:携带海关限量及应征税物品的;有人、物分离进、出境的;携有物品、货物、货样以及其他需办理出境验放手续物品的;未携带应复带出、入境物品的;携带外币、金银及其制品而又未获得有关出境或已超过限量的。

2. 中国海关部分限制进出境物品

1)旅行自用物品

照相机、摄影机、文字处理机,每种一件。超出范围的,应向海关如实申报,并办理有关手续。经海关放行的旅行物品,旅客应在回程时复带出境。

2)金银及其制品

旅客携带金银及其制品入境应以自用合理数量为限,超过50克的,应填写申报单,向海关申报;复带出境时,海关凭本次入境申报的数量核放。在中国境内购买的金银及其制品,海关验凭中国人民银行制发的"特种发票"放行。

3)外汇

2003年8月28日,发布《携带外币现钞出入境管理暂行办法》;5000美元不需要申领《携带外汇出境许可证》,海关予以放行;5000美元以上至10000美元的应向指定银行申领《携带证》。海关凭加盖外汇指定银行印章的《携带证》验放。除特殊情况外,出境人员原则上不得携带超过等值1万美元的外币现钞出境。

4)人民币

2005年1月1日起,旅客进出境可以携带的人民币限额为20000元。

5)文物(含已故现代著名书画家作品)

旅客携带出境的文物,需经中国文化行政管理部门鉴定。携运文物出境时,必须向海关详细申报。对在境内商店购买的文物,海关凭中国文化行政管理部门钤盖(钦盖)的鉴定标志及文物外销发货票查验放行;对在境内通过其他途径得到的文物,海关凭中国文化行政管理部门的鉴定标志及开具的许可出口证明查验放行。未经鉴定的文物,不得携带出境。

6)中药材、中成药

旅客携带中药材、中成药出境,前往境外的,总值限人民币300元;寄往境外的中药材、中成药,总值限人民币200元;寄往港澳地区的,总值限人民币100元。入境旅客出境时携带用外汇购买的、数量合理的自用中药材、中药,海关凭有关发货票和外汇水单放行。麝香以及上述规定限值的中药材、中成药不准出境。

7)旅游商品

入境旅客出境时携带的用外汇在我国境内购买的旅游纪念品、工艺品,除国家规定应申领出口许可证或者应征出口税的品种外,海关凭有关发货票和外汇水单放行。

3.中国海关部分禁止出境物品

内容涉及国家机密的手稿、印刷品、胶卷、照片、唱片、影片、录音(像)带、CD、VCD,计算机储存介质及其他物品,珍贵文物,所有禁止入境的物品,濒危动物、珍贵动物、珍贵植物及其标本,种子和繁殖材料等,都属于中国海关禁止出境的物品。

4.《中华人民共和国海关进出境旅客行李物品申报单》

《中华人民共和国海关进出境旅客行李物品申报单》的样本,如图3-1所示。

(二)办理海关申报

领队在带领团队游客经过海关时,需要进行下列工作。

(1)告知游客中国海关禁止携带出境的物品。

(2)请携带不需要向海关申报物品的游客从绿色通道穿过海关柜台,进入等候。

中华人民共和国海关
进出境旅客行李物品申报单

请仔细阅读申报单背面的填单须知后填报

姓 ______ 名 ______ 男 □ 女 □

出生日期 ____ 年 __ 月 __ 日 国籍(地区) ______

护照(进出境证件)号码 ______

进境旅客填写	出境旅客填写
来自何地 ______	前往何地 ______
进境航班号/车次/船名 ______	出境航班号/车次/船名 ______
进境日期: ____ 年 __ 月 __ 日	出境日期: ____ 年 __ 月 __ 日
携带有下列物品请在"□"划√	携带有下列物品请在"□"划√
□1. 动植物及其产品、微生物、生物制品、人体组织、血液及其制品	□1. 文物、濒危动植物及其制品、生物物种资源、金银等贵重金属
□2. 居民旅客在境外获取总值超过人民币5,000元的物品	□2. 居民旅客携带需复带进境的单价超过人民币5,000元的照相机、摄像机、手提电脑等旅行自用物品
□3. 非居民旅客拟留在境内总值超过人民币2,000元的物品	□3. 超过20,000元人民币现钞,或超过折合美元5,000元外币现钞
□4. 超过1,500毫升的酒精饮料(酒精含量12°以上),或超过400支香烟,或超过100支雪茄,或超过500克烟丝	□4. 货物、货样、广告品
□5. 超过20,000元人民币现钞,或超过折合美元5,000元外币现钞	□5. 其它需要向海关申报的物品
□6. 分离运输行李,货物、货样、广告品	
□7. 其它需要向海关申报的物品	

携带有上述物品的,请详细填写如下清单

品名/币种	型号	数量	金额	海关批注

我已经阅读本申报单背面所列事项,并保证所有申报属实。

旅客签名: ______

一、重要提示:

1. 没有携带应向海关申报物品的旅客,无需填写本申报单,可选择"无申报通道"(又称"绿色通道",标识为"●")通关。
2. 携带有应向海关申报物品的旅客,应当填写本申报单,向海关书面申报,并选择"申报通道"(又称"红色通道",标识为"■")通关。海关免予监管的人员以及随同成人旅行的16周岁以下旅客可不填写申报单。
3. 请妥善保管本申报单,以便在返程时继续使用。
4. 本申报单所称"居民旅客"系指其通常定居地在中国关境内的旅客,"非居民旅客"系指其通常定居地在中国关境外的旅客。
5. 不如实申报的旅客将承担相应法律责任。

二、中华人民共和国禁止进境物品:

1. 各种武器、仿真武器、弹药及爆炸物品;
2. 伪造的货币及伪造的有价证券;
3. 对中国政治、经济、文化、道德有害的印刷品、胶卷、照片、唱片、影片、录音带、录像带、激光唱盘、激光视盘、计算机存储介质及其它物品;
4. 各种烈性毒药;
5. 鸦片、吗啡、海洛因、大麻以及其它能使人成瘾的麻醉品、精神药物;
6. 新鲜水果、茄科蔬菜、活动物(犬、猫除外)、动物产品、动植物病原体和害虫及其它有害生物、动物尸体、土壤、转基因生物材料、动植物疫情流行的国家和地区的有关动植物及其产品和其它应检物;
7. 有碍人畜健康的、来自疫区的以及其它能传播疾病的食品、药品或其它物品。

三、中华人民共和国禁止出境物品:

1. 列入禁止进境范围的所有物品;
2. 内容涉及国家秘密的手稿、印刷品、胶卷、照片、唱片、影片、录音带、录像带、激光唱盘、激光视盘、计算机存储介质及其它物品;
3. 珍贵文物及其它禁止出境的文物;
4. 濒危的和珍贵的动植物(均含标本)及其种子和繁殖材料。

图 3-1 中华人民共和国海关进出境旅客行李物品申报单

(3)领队带领携带有向海关申报物品的游客从红色通道到海关柜台前办理手续。

如果有游客需要进行海关申报,领队要向海关柜台索取海关申报单并指导游客填写。游客携带填写好的《中华人民共和国海关进出境旅客行李物品申报单》以及申报的物品,走红色通道,提交申报单,进行实物查验后,盖章予以放行。领队需要提醒申报游客保管好该申报单,以便回国入境时海关查验。

需要注意的是有些物品申报之后只能托运,不能随身携带,领队在机场说明会时应该强调并提醒游客提前进行申报再办理托运手续,以免误机。

二 通过卫生检疫

领队应该了解国家卫生检疫的有关规定,《中华人民共和国国境卫生检疫法》第 8 条规定:出境的交通工具和人员,必须在最后离开的国境口岸接受检疫。入境、出境的微生物、人体组织、生物制品、血液及其制品或者其他可能引起传染病传播的动物等特殊物品的携带人、托运人或者邮递人必须向卫生检疫机关申报并接受卫生检疫,未经检疫机关许可,不准入境、出境。海关凭检疫机关签发的特殊物品审批单放行。团队出发之前,领队需主动观察了解游客身体状况,有异常情况及时了解,必要时报告相关部门。

三 通过边防检查

通过中国边防检查是游客跨出国门的象征,团队通过中国边检时领队应该提交相应的团队签证资料、团队名单表以及领队证等进行查验,游客需要提交护照查验,排队依次通过。通过中国边防检查时,护照上会盖上出境日期戳印,领队要提醒游客检查护照上的印章(如若通过电子检查,则护照上没有印记)。

通过中国边防检查时需要遵照边检工作人员指挥,排队通过,边检口禁止拍照和大声喧哗,领队应该提醒游客。领队应最后出境。

在游客出境之时,会出现边检不予放行的情况。我国现行法律规定,对下列情况的人限制出境。

(1)刑事案件的被告人或者犯罪嫌疑人。

(2)有未了结民事案件的人。

(3)有违反中国法律行为尚未处理,经有关主管机关认定需要追究的人。

(4)未持有效证件或者持用他人的出境证件,以及持有伪造或者涂改的出境证件的人。出现该种情况,领队需及时通知旅行社,并协助游客取出托运行李,联系地接社,取消游客在目的地国的行程。

四 通过安全检查

我国机场实行国际上通用的安全检查方法。所有乘机旅客、外交人员、政府部长、首脑,无一例外都需要通过安全检查。检查方式包括:①搜身;②用磁性探测器近身检查;③过安检门;④物品检查;⑤用红外线透视仪器检查。

安全检查的内容主要包括:查验证件、检测行李、检查人体。查验证件就是安检人员逐一检查每一个旅客的身份证、机票和登机牌,查验核对后,才能在登机牌上加盖查验印记。

检测行李是指旅客将随身携带的小件行李放在检测机传送带上接受 X 光检查,一旦检查结果被认为可疑或不确定,安检人员有权让旅客打开行李接受仔细查看。

人体检查是指让旅客通过门式金属探测装置接受检查,同时,旅客要将身上携带的钥匙、眼镜盒、打火机、收音机、计算器、手机等金属的物品放在检查人员提供的盘子里以供检验。这些检查过程都要求是严格谨慎的,安检人员要严格地按照有关规定检测,不能有丝毫马虎。

任务拓展

情景模拟:领队小敏将带领着18位游客前往巴厘岛,现在小敏已经到达了长沙黄花国际机场,她即将和游客见面,如果你是小敏,你将在机场开展哪些工作呢?

项目四
隔离区和飞机上服务

◇ **知识目标**

1. 了解隔离区与飞机上的服务内容。
2. 掌握出入境表格和海关申报单的填写。

◇ **能力目标**

1. 能在隔离区和飞机上对客人提供服务。
2. 能看懂国际机场英文指示。
3. 能准确填写相关表格。

◇ **素质目标**

1. 培养学生标准意识。
2. 培养学生沟通技能。
3. 提高学生服务能力。

工作任务一　隔离区服务

 任务导入

张导带着团队过了安检口，离登机时间还有50分钟，这时她除了等待还需要做些什么呢？

任务解析

张导带领团队进入隔离区后，虽然下一步就是登机了，但是并不代表可以放松，仍然要保持工作状态，这时仍然会有突发事件的可能，张导尤其需要注意以下几个方面。

（1）关注登机时间及登机口有无变更。张导应找到登机口柜台再次确认登机口并主动询问登机时间是否会有变化，并随时关注机场广播。如果登机口或登机时间发生变更，张导应及时通知游客；如果登机时间延误过长还需做好游客的安抚工作。

（2）提醒游客注意财产安全。因为游客的护照和登机牌都在自己手上，张导应反复提醒游客，注意保管随身物品。如果此时发生物品遗失，将会给游客造成巨大的损失和遗憾，同时也会给领队接下来的工作带来很多的麻烦。

（3）督促游客排队登机。当听到登机广播的时候，张导应在登机口督促游客排队，张导要确认所有游客均已登机后才能登机。

相关知识

候机隔离区是指根据安全需要在候机楼内划定的供已经安全检查的出港旅客等待登机的区域及登机通道、摆渡车。

游客通过安检到达隔离区后，领队需要注意登机时间有没有更改，注意不要离登机口太远，以免错过重要航班通告或者提前登机的机会。在隔离区，领队需要注意以下事项。

一 注意登机时间及登机口有无变更

（1）领队应该关注登机口的电子显示牌，注意是否有变更。一旦变更要及时通知游客。

（2）领队应提醒游客注意听广播，听清楚时间和登机口，如果游客在登机前 30 分钟还没有到达指定区域，领队应该寻找或通过其他方式与游客取得联系，以免误机。

登机口显示屏常用中英文对照

航班号 FLT No（flight number）

前往…… departure to

起飞时间 departure time

预计时间 scheduled time（SCHED）

延误 delayed

实际时间 actual

登机 boarding

登机口 gate；departure gate

二、机场其他的服务

(1)游客可能会有购物的要求，一般在游客去商店之前，领队要提醒游客注意随身携带的行李不要丢失，保管好手中的登机牌和证件。注意听广播登机信息有没有变更，不要离开太远。

若他国转机，领队要提醒游客不要购买数量较多的液体商品等限制入境的物品，因为如果是行李直挂，也就是说，航空公司可将行李直接搬运到下一班的联航飞机上。而游客仍需通过安全检查并扫描随身物品。如此一来，上一站免税店中采购的液体商品，超过了限额就得额外办理托运，这便增加了出行的麻烦。

(2)机场一般都是无烟区，游客若有吸烟的要求，领队应提醒游客找到吸烟区再吸烟。

(3)对于带婴儿的游客，领队要给予特别的关照。若有需要，领队要告知游客育婴室(nursery)的具体位置。

三、登机

(1)等待登机公告。在起飞前半小时，机务人员会宣布登机时间。有时登机是按座位号分组进行，所以领队应提醒游客按组登机，同时领队应告知游客自己的座位号，方便游客找寻。

(2)提醒游客检查登机牌。登机排队后，会有飞机乘务人员在入口等着检查游客的登机牌。由于是飞往境外，所以乘务人员一般还会再次核对游客护照。

(3)登机开始后，领队应确认全团游客均已登机后方可登机；领队可向登机口工作人员核对登机的游客，以确保本团游客没有漏乘，领队应提前10分钟确认登机情况，如有游客未登机，应立即联系游客，避免游客贻误登机。

拓展阅读

登机广播的中英文对照

前往_____①的旅客请注意：

您乘坐的_____②次航班现在开始登机。请带好您的随身物品，出示登机牌，由_____③号登机口上飞机。〔祝您旅途愉快。〕谢谢！

Ladies and Gentlemen, may I have your attention please：

flight _____ ② to _____ ① is now boarding. Would you please have your belongings and boarding passes ready and board the aircraft through gate NO. _____ ③.〔We wish you a pleasant journey．〕Thank you.

（四）航班延误后的服务

如果得知航班延误或是取消，领队应当立即联系公司 OP，报告团队所处情况，做好游客的安抚情绪工作，并立即与航空公司沟通，获取相关的信息。

> 拓展阅读

如何专业地解释航班延误的问题？

1．为什么会因为空中管制不能飞？

目前，中国的空域管理权属于空军，民航总局只能在空军的允许范围内使用空域，并且要随时接受空军的管理。中国大约80％的领空处于军方的直接管制之下，而民航能够利用的空域只有不到20％的比例，这20％还得在军方的管控下方可使用。

一旦空军在某片空域演习，此空域的所有民航飞机将全部禁飞。由于演习的持续时间，管控领域属于军事机密，遇到此种情况的航空公司只能以空中管制为由向旅客交代，不能多说半个字。

空域不大，航路就少，必然会造成航路堵塞。例如，京广航路，就是一条宽20公里、高度从0米至14000米的空中通道。飞机只能在这一航路上飞行，不能有任何偏离。京广间的所有航班，以及从郑州、武汉、长沙等地至北京、广州方向的航班，从东北等地前往广州方向的航班，都要在这一航路上飞行。

坐汽车时，很可能高速路上不堵，但高速路口堵，坐飞机同样如此。每座机场都有固定的进出港航路，所有飞机都必须按照固定航路飞行，不能乱飞。一旦起降飞机过多，进出港航路堵塞，航空公司只好以空中管制为由拖延起降。

2．×航的飞机都飞走了，为什么我不能飞？

第一，不同的飞机有着完全不同的安全标准，有些差距十分巨大，很可能在同样的天气条件下，A380可以飞但A320就不能飞。

第二，对于相同的机型，各个航空公司的安全标准也不一样。在相同的天气条件下，很可能符合了东航的安全标准但不符合海航的。

第三，国际航班有优先起飞权，这是一个世界范围内都通行的不成文准则，之前在游记中有人写道，加航的飞机起飞了几小时但国航的飞机还原地不动，很可能就是遇到了这种情况。

3. 窗外万里晴空,为什么会因为"天气原因"不能飞?

遇到飞机晚点的乘客,一个经常听到的理由就是"天气原因"。但乘客看到眼前天气晴朗,查到目的地同样如此时,难免会怀疑是否被航空公司忽悠了。

但事实上,"天气原因"简单的四个字实际包含了很多种情况:出发地机场天气状况不宜起飞;目的地机场天气状况不宜降落;飞行航路上气象状况不宜飞越等等。在漫长的既定航线上,只要有一个地方出现异常气候条件,飞机就只能因"天气原因"停在原地。

航空飞行领域对于"天气状况"的判断与普通人的生活经验有很大差别。飞机起降不怕大风大雨,影响的关键气象因素是能见度、机场起飞降落航道附近的低云、雷雨区、强侧风等因素,晴朗不代表飞行意义上的正常天气。此外,飞机在降落时常常会遇到短时间的恶劣天气,可能5分钟前和5分钟后都允许飞机降落,但你的飞机刚好赶上恶劣天气无法降落,这也是常见现象。

4. 既然知道会延误,为什么要在飞机里等?

飞机从离开至到达需经过十分复杂的管制流程。在航班起飞前,飞行员就要经过与出发许可席联络、与地面台联络、与塔台联络等6个环节。每一个环节必须达到标准方可进行下一个,而且由于跑道等资源有限,相应环节并不可以一直等到符合条件才能进入下一个,而是在规定时间内达不到条件,就得全部退回重来。

在这种规则下就不难解释,为什么航空公司总会劝说乘客尽快登机,因为飞行员一旦延误一分钟申请航班,就要给后面所有正点申请的航班让路,有时候甚至要让过后面十几班飞机才能起飞。

常有乘客抱怨航空公司明知航班延误,还要把乘客关在机舱里等待,而不是去更宽敞的候机厅休息。甚至有媒体分析称航空公司此举是为了提高航班准点率。但事实上,飞机只有关闭了舱门才能申请出发许可,从而进入等待起飞的序列。如果乘客这时候中途下机,飞机立刻会被排除出等待序列。

任务拓展

游客的疏忽可能会造成航班的延误,领队要注意哪些细节确保游客按时登机?

一提到航班延误,很多人就会想到天气状况、流量控制等因素,把矛头指向机场和航空公司。但是,除一些不可抗拒的自然原因之外,人为因素也已成为造成航班延误的新的增长点。因乘客自身原因导致的航班延误,也占到了一定的比例。

乘客王女士在办理完乘机手续后,看时间还早,便去机场餐厅用早餐,结果过了登机时间还浑然不知。等工作人员又是派人寻找、又是广播通知后,王女士才匆忙赶往登机口,结果让飞机上的其他乘客等待了近半小时。

这种情况很常见,乘客办完乘机手续后到候机楼内购物、看书、打电话、用餐,不注意听登机广播,导致飞机不得不等待,造成航班延误。还有一些乘客,常常在航班办理乘机手续截止时间之后才赶到,机场、航空公司尽管可能会帮助这些晚到乘客顺利赶上飞机,但这也势必造成该航班的延误。

工作任务二　飞机上的服务

任务导入

游客在飞机上,领队小张应该如何为游客服务呢?他还需要做些什么工作呢?

任务解析

(1)再次熟悉接待计划,注意下一站的衔接。

(2)对行程中所涉及的不熟悉的景点进行预习。

(3)记录发生的问题。

(4)适当与客人交流。

相关知识

办理完中国方面的全部出境手续后,直到抵达目的地国家(地区),办好入境手续、与当地导游会合之前,始终是领队一人对整个旅游团队负责。在飞机飞行期间,领队无法与外界通过电话进行联络和工作请示,出现任何问题都需要领队一人设法解决。

出境旅游的空中飞行时间通常较长,一般少则一两个小时,多则10多个小时或20多个小时,领队应充分利用飞机上的时间,对团队进行熟悉。在这段时间内,领队可以做的事情包括:

(1)对接待计划再次预习,尤其要注意游览城市之间的衔接、转换。

(2)拿出资料和书籍,对行程中所涉及的不熟悉的景点进行预习。

(3)对中国出境时发生的一些问题及时记录下来。

(4)与游客交谈,融洽关系。

飞行途中,领队应协助机组人员向旅游者提供必要的帮助和服务。

可见,乘坐飞机期间,领队不能只顾着自己休息,仍需要为游客提供帮助和服务。

飞行途中,领队的诸项工作大致有如下几个方面。

一 为游客提供乘机当中的诸项帮助

（一）协助游客调换座位和摆放行李

因航空公司常常会按照游客姓氏的字母顺序发放登机卡，所以，游客当中一家人拿到的登机卡上的座位号一般不会在一起。登机后，领队应当尽可能地帮助游客调换座位，尽量让游客的家庭成员坐在一起。如果领队协商其他乘客较麻烦，也可寻求空乘人员的帮助。

有想换座位的，尽量请他们在飞机起飞平稳后再换。如果一登机马上就换座位的话，一是会堵塞住通道，影响后面乘客通行。二是经常换乱了，最后换座的乘客可能会拿着登机牌不知道该坐哪里。

领队自己的座位，以靠近中间通道为妥，不应选择靠近窗口的座位，这样可以较方便地站起身来照顾游客。

登机后，领队应协助游客把行李放在头上的行李架内。提醒游客最好是交叉放，如游客坐在靠过道左边的位子上，行李就放在过道右边上方的行李舱内，保持在视线范围内，加强安全防护。

（二）关照游客的特殊用餐要求

飞机起飞后，领队应多关注游客，随时做好协助其解决相关问题的准备。去程飞机上一般没什么问题，因为空乘人员都是中国人，没有语言障碍。

团队当中如果有在用餐方面有特殊要求的游客，如素食者餐、儿童餐等，领队应当尽早与机上空乘人员进行沟通。

对有特殊用餐要求的游客在出发前的行前说明会上领队应该已经有统计，并在航空公司网站上进行过预订，领队对此应该做到心中有数，此时不必再向游客问询。空乘人员送来饮料时，如果游客不清楚或不知道如何要什么饮料，领队也应起身去为游客提供帮助。帮助时应先轻声询问游客，再向空乘人员转告，尽量避免游客心生不快。

（三）熟悉飞机上的救生设备

领队应当熟悉飞机上救生设备的使用和安全门的设置，登机后认真听取空乘人员的讲解演示。一旦空中飞行期间发生意外，领队自己首先需懂得如何使用救生设备及开启安全门，并在需要时给团内游客进行讲解。

（四）回答游客的其他提问

飞机飞行期间，游客最经常问的问题就是抵达时间、目的地的天气以及目的地国家（地区）最值得看的景观等。领队应当随时保持清醒头脑，认真看飞机上电视屏幕的显示，记住抵达时间和待飞行时间,一旦有游客询问,可以立刻回答出来。这样可以给游客留下好的印象,对领队产生信任感。

二 帮助游客填写入境的表格与海关申报单

飞机在抵达目的地前,为了减少旅客在飞机场停留的时间和方便入境,一般会在飞机上发给每位旅客一张(有的一式两份)入境卡。旅客按表格中要求的内容逐项填写清楚,然后夹在护照中,待入境时一起交给口岸检查人员。

入境卡的内容主要包括旅客姓名、性别、出生年月日、国籍、护照号码、发照日期、有效期至、发照机关、发照地点、入境目的、停留时间、停留地点等,一般都要求用英文填写。不过,各国的入境卡填写要求也不尽相同。

因此,领队需要做的一件非常重要的事情,就是要协助全团游客填写将要抵达的国家(地区)的入境表格。

(一)入境卡

不同国家(地区)的入境卡不但格式各不相同,名称也不完全一样。但是,其中所包含的内容大致相同,通常包含的内容有:

姓　Family Name / Surname

名　First Name / Given Name

国籍　Nationality

护照号　Passport No.

原住地　Country of Origin

前往目的地国　Destination Country

登机城市　City where you boarded

签证签发地　City where visa was issued

签发日期　Date Issue

街道及门牌号　Number and Street

城市及国家　City and State

出生日期　Date of Birth (Birthdates)

偕行人数　Accompanying Number

职业　Occupation

专业技术人员　Professionals and Technical

行政管理人员　Legislators and Administrators

办事员　Clerk

商业人员　Commerce (Business People)

服务人员　Service

签名　Signature

官方填写　Official Use Only

签证　Visa

出生日期　Birth Date

护照号　Passport No.

编号　Control No.

签发地　Issue At

签发日期　Issue Date

签证种类　Visa Type

　　一些国家(地区)的入境卡与出境卡是印制在左右一体的卡片上,在填写入境卡的时候出境卡部分也需要填写。入境时,入境检查官员会将出境卡部分拆下,再将出境卡部分用订书机订在护照内,出境时,则不必再次填写出境卡。

(二)海关申报单

　　除了需要填写入境卡外,还需要先填写一份海关申报单,海关申报单的内容有简有繁,申报重点也有所不同,其可能涉及的项目有姓名、出生日期和地点、国籍、航班号、居住国、永久地址、在逗留国家(地区)的住址、随行家属姓名及与本人关系、签证日期、签证地点,随身携带物品(如现金、支票、手表、摄影机、黄金、珠宝、香烟、酒、古董等),有些国家对动植物出入境控制很严,甚至少量水果也不允许带入境。美国海关申报单中有一栏就是你或者你们一行人中是否携带了水果、植物、肉类、食品、土壤、鸟类、蜗牛、其他活动物、野生动物产品、农产品。

　　并非所有的国家(地区)都需要填写海关的申报单,在不需要海关申报单的国家,领队可省去这项工作。

　　各个国家(地区)的海关申报单都不相同,但其中的内容大多一样。以下是一份美国的海关申报单的内容。

　　Each arriving traveler or head of family must provide the following information (only ONE written declaration per family is required).

　　每一位入境美国的游客或一家之主必须提供以下数据(一个家庭只需要填写一份)。

1. Family Name 姓 _____ First (Given) Name 名 _____ Middle Name 中间名_____

2. Birthdate 出生日期：Day 日_____ Month 月_____ Year 年_____

3. Number of family members traveling with you 与你同行的家庭成员人数：

4. U.S.A street address(hotelname/destination) 在美居住地地址(酒店名字/目的地)：

5. Passport issued by(country) 护照签发国：

6. Passport number 护照号码：

7. Country of Residence 居住国家：

8. Countries visited on this trip prior to U.S. arrival 此次来美国之前还去过哪些国家：

9. Airline/Flight No. or Vessel Name 航空公司/班机号码或轮船名：

10. The primary purpose of this trip is BUSINESS.　○YES　○NO
【此次旅程的目的主要是商务目的。　○是　○否】

11. I am(We are) bringing 我(我们)携带的东西有：

 a. fruits, vegetables, plants, seeds, food, insects：○YES　○NO
 【水果、植物、食物或昆虫？○是　○否】

 b. meats, animals, animal/wildlife products：○YES　○NO
 【肉类、动物或动物/野生动物制品？○是　○否】

 c. disease agents, cell cultures, snails：○YES　○NO
 【病原体、细胞培养或蜗牛？○是　○否】

 d. soil or have been on a farm/ranch/pasture：○YES　○NO
 【土壤或是你曾经去过农场或牧场吗？○是　○否】

12. I have (We have) been inclose proximity of (such as touching or handling) live stock outside：○YES　○NO
【我有(我们有)靠近过(比如触碰或接触过)野外牲畜　○是　○否】

13. I am (We are) carrying currency or monetary instruments over $10,000 U.S. or the foreign equivalent.　○YES　○NO
【你携带现金或财物，其价值超过一万美金或相当于一万美金的外币吗？○是　○否】

14. I have (We have) commercial merchandise article for sale, samples used for soliciting orders, or goods that are not considered personal effects.　○YES　○NO

【我(我们)有携带商品：(贩卖物品、商业样品或任何不属于个人所有的物品)　○是　○否】

15. Residents—the total value of all good, including commercial merchandise I/We have purchased or acquired abroad, (including gifts for someone else, but not items mailed to the U. S.) and am/are bringing to the U. S. is:

【美国居民——我(我们)带入美国的所有物品(包含商品及礼品,但不包含邮寄入美国的物品)的总价值为：　】

Visitors—the total value of all article that will remain in the U. S., including commercial merchandise is:

【观光客——将留在美国境内的物品价值为(包含商品)：　】

Read the instruction on the back of this form. Space is provided to list all the items you must declare.

【请阅本表读背面的说明,请将必须申报的物品在空格内列出】

I HAVE READ THE IMPORTANT INFORMATION ON THE REVERSE SIDE OF THIS FORM AND HAVE MADE A TRUTHFUL DECLARATION.

【我已阅读过背面的说明,且已就实申报】

Signature；　　Date(day/month/year)【签名及日期(日/月/年)】

(三)领队需要协助游客填写入境卡及海关申报单

旅游团所需的多份入境卡及海关申报单可以向空乘人员统一索要,这些表格通常会用当地文字和英文两种标明,填写时可使用英文填写。代游客填写所有的入境表格,是领队的工作职责之一。事先制作的团队资料速查表,这时候可以发挥很好的作用,可以让领队省去时间和麻烦,使填表工作的效率大为提高。否则,领队就必须将游客手中的护照一本本收来,按照各个国家(地区)不同的入境表格的各种要求,翻开查阅护照中的相关内容再行填写。

在一些航程较短的航线,飞行时间只有1个多小时,除去飞机上升和下降、用餐的时间外,领队填写这些入境表格的时间会十分紧张,因而需要抓紧时间填写。有些英语较好或者愿意自己填写的游客,领队可以指导他们自己动手填写。

任务拓展

飞机上的"熊孩子"

本来已经像沙丁鱼被塞进罐头一般,被关进狭小的机舱里,很不好受了,偏偏游客还带了个"熊孩子",他总是无视家长的警告无比亢奋地拍着小手、摇着小腿大声尖叫,这简直就像往伤口上撒盐一样,可是他们还只是孩子啊。周围的游客已经投来异样的目光了,作为领队的你有什么好办法呢？

项目五
他国(地区)入境服务

知识目标

1. 掌握他国入境的常识。
2. 掌握领队办理入境的工作流程。

能力目标

1. 能协助游客办理相关入境手续。
2. 能跟入境部门进行有效的沟通。

素质目标

1. 培养学生标准意识。
2. 培养学生沟通技能。

工作任务一 办理入境手续

 任务导入

赴泰国旅游的行前说明会上,有一位第一次出国的游客询问领队张导如何办理入境手续。张导应如何回答?

任务解析

泰国往往是中国公民第一次出国旅游的最佳选择,一个重要的原因就是泰国旅游可以办理落地签,入境手续简单方便。但即使这样,领队也要熟悉相应的流程,并需要跟游客交代注意事项。

(1)张导应提醒游客带好护照及证件照。到泰国旅游一般都是办理落地签。办理落地签需现场提交申请表。落地签申请表要填写游客姓名、护照号、航班号等信息,还需要贴好游客近半年的2寸白底证件照。

(2)通常情况下,为节省办理时间,领队应该提前填写好落地签申请表,并在机场收集所有游客的证件照,在飞机上利用空余时间贴好照片。领队下飞机后在落地签柜台提交游客的护照、落地签申请表及相关费用。

(3)泰国移民局官员审核游客的落地签申请表及护照后,会将盖好落地章的护照交还给领队,领队再将护照发放给游客。游客持护照、入(离)境卡排队通过移民局的护照查验柜台。

(4)在过移民局护照查验柜台时,检察官会随机抽查游客随身所携带的现金是否达到要求。按泰国有关方面的要求,每位游客所携带的现金不少于2万泰铢或等值外币。这里特别注意,一定要现金,银行卡无效。如不能提供,会被拒绝入境,故领队在出发前要跟游客强调带足现金。

(5)入境检查时,入境检察官会把入境卡收走,但会把离境卡和护照签证页订在一起,游客需要检查一下签证页是否盖好入境章,并要保留好离境卡,以便离境时使用。

相关知识

领队的一项重要工作职责就是协助游客办理入境该国或地区的手续。当飞机在目的地国机场降落后,领队开始行使该项工作职责。

入境时需要办理相关手续,这些手续包括卫生检疫、入境审查、海关检查等。各国办理这些手续的顺序会有所不同,但一般来说,卫生检疫及入境审查是在提取托运行李之前,海关检查是在提取托运行李之后。

一 卫生检疫

卫生检疫主要的目的是防止携带某些传染病的人员进入该区域,对该区域的居民进行必要保护。

卫生检疫一般有两种方式。第一种为通过检测仪器或人工对入境旅客进行检视,目前大部分国家均采取此类做法。此类做法效率较高,也较为简单,但检查并不仔细,容易出现漏查现象。第二种为查验黄皮书,黄皮书是国际公认的卫生检疫证件,有些国家在办理入境时必须提供黄皮书。例如,智利、墨西哥等国家,要求入境游客必须出具预防霍乱和黄热病的接种或复种证明书;澳大利亚、新西兰等国只是对某一段时间内去过病毒传染相对集中地区的入境游客做提交黄皮书的要求。

很多国家还要求入境人员填写《健康申报单》,要求在申报单中如实填写身体状况及疾病史,在过卫生检疫柜台或检疫仪器时提交。有些国家的健康申报单跟入境卡连在一起,卫生检疫也与入境审查设在同一处。

二 入境审查

办理入境审查的机构统称为移民局(Immignration),其主要工作为审查入境人员相关资料和资质,并做出是否让其入境的最终决定。领队在此环节主要是组织游客按相关规定排队、提交资料、接受询问等。

入境目的地国(地区)一般需要持有该国所签发的签证。按入境目的又分为旅游签、商务签、公务签等。而按办理方式、表现形式、性质等又可分为落地签、电子签证、团签、个签等。而有些国家又可免签,即只要持有护照即可自由进入,不必提供签证。

落地签指的是申请人可不直接从所在国家取得前往该国的签证,而是持护照抵达该国口岸后,现场提交资料申请并由该国相关机关现场为其签发签证。截止到2016年,有泰国、越南、老挝、缅甸、马尔代夫等57个国家可为中国公民办理落地签证。

电子签是纸质签的电子化,以电子文档的形式将签证上所有的信息储存在移民局的系统当中,持有人的护照上并不会有该国的签证页。

团体签证是相对个人签证(自由行签证)而言的。它是整个旅游团的人一起申请的签证,持有团签必须在团队行程的区域和时间内活动,游客不能离团,必须团进(入境)团出(离境)。

(一)组织排队

领队在下飞机后应该再次集中游客,强调接下来的入境流程和注意事项,然后按照机场指示牌的指示,带领游客前往移民局柜台。

在移民局办理相关手续时需要排队。各国移民局为了提高工作效率一般会把排队的通道分为"本国人入境"和"外国人入境"。"本国人入境"通道是持有该国护照人员进入该国的排队通道,"外国人入境"通道是持有外国护照的人员进入该国的排队通道。领队应组织游客走"外国人入境"通道。

如果游客办理的签证为个人签,原则上领队应该走在游客的最后面,以便观察游客是否经过审查顺利入境,以及出现问题时随时解决。如果游客办理的签证为团体签证,原则上领队应该排在整队游客的最前面,以便率先提交团队签证资料及回答入境检察官的询问。

领队在组织客人排队前一定要反复交代游客在入境区域不能拍照、摄像、大声喧哗、随意插队、不按要求排队等。很多国家的移民局会对具有以上行为的游客进行处罚,轻则罚款,重则禁止入境。

(二)提交资料及接受询问

一般情况下入境检察官会要求游客提交护照、签证、机票、入境卡等资料,有些团体签证还会要求领队提交英文行程单。

有些国家的入境检察官也会用英语询问领队或游客一些简单的问题。例如,来此国的目的是什么,是否是跟团来的,准备停留多久,要去到哪些城市等。领队和游客一定要如实回答。如果遇到英语不好的游客,领队可以把这些常规问题的答案都写在纸条上交给游客,当检察官问他时,可以直接将纸条递给检察官即可。

领队需要跟游客强调的是,将资料提交给入境检察官时面带微笑,最好能用简单英语表示问候,在接受入境检察官审查资料的时候,不要催促,要耐心等待,当检察官还回资料的时候应表示感谢,如点头微笑或说句 thanks。

(三)入境检查

并不是提交了相关资料就可以顺利入境。入境检察官有权根据资料信息反馈及主观经验判断拒绝游客入境。被拒入境的情况主要有以下几种。

(1)入境后可能会危害国家安全、社会秩序或公共利益的。这往往是一种主观判断,签证官会根据护照、签证等信息或言行做出判断。

(2)属于本国政府禁止入境黑名单上的。这种情况往往是因为此人有过逾期不归及在该国有过犯罪记录。

(3)使用伪造证件的。

(4)携带资金不充足的。例如,泰国要求入境游客身上所携带现金不低于2万泰铢及等值货币,入境审查人员会不时进行抽查,如果身上所携带现金低于2万泰铢或等值货币,入境检察官有权阻止其入境。

(5)受到国际刑警通缉的。

(6)患有某种传染病的。

(7)以前有过驱逐离境记录的。

如果有游客被拒绝入境,领队应及时询问被拒原因,如果被拒原因仅为检察官主观经验判断而没有提供客观证据,领队应为游客再次向检察官解释说明,消除误会。

(四)完成入境检查

入境检察官核对完游客相关资料后会在护照上加盖入境章,并将护照、签证、机票单等资料退还游客,即准予入境。游客在表示感谢后应尽快通过柜台,领队应该交代游客直接去行李转盘处提取行李及等候其他游客,不要停留在柜台后面等候其他游客或滞留,以免移民局工作人员以影响该柜台正常工作为由进行驱赶。

任务拓展

请和你的同学分别扮演入境检察官、游客、领队的角色,模拟办理泰国入境手续这一场景。

工作任务二 领取托运行李及办理海关检查

任务导入

张导在带领游客提取托运行李时,有游客向张导反映:他的行李箱大面积开裂。请问张导这时应如何处理?

任务解析

(1)领队在做任何事情的时候都应该要有一定的预见性。各国机场都可能会存在野蛮搬运行李的行为,所以办理行李托运时领队应该多观察游客的行李箱。如果发现游客行李箱比较老旧,领队应该建议游客对行李箱进行打包加固(机场可提供现场行李打包加固服务),这样尽可能地避免行李箱在搬运途中发生损伤。而有些游客会携带较为昂贵的行李箱,领队应提醒游客给其穿好"衣服",做好保护措施。不管如何,贵重物品不要放在行李箱中托运,易碎物品也尽量不要托运。如果实在要托运,在办理托运手续时要贴上易碎标签,有可能的话还可购买易碎险。

(2)当游客领取到的是一只破损的行李箱时,领队要提醒游客检查箱内行李是否有丢失现象或行李箱里是否有不明物品出现。如果行李箱中有衣物或其他物品遗失,领队应该在行李传送带周边寻找或到行李遗失处进行询问,没有找到可以向航空公司寻求帮助。如果行李箱中有不明物体出现,请及时与机场保安联系,不要擅自处理,更不可携带入境。

(3)领队应该做好游客的安抚工作,同时将游客的损失降至最低。机场会在出口处设立行李柜台用于解决行李损坏、丢失等事件。领队应找到行李柜台,将该情况反映给该柜台的工作人员。工作人员会协调航空公司对行李箱进行赔偿。虽然各航空公司的赔偿标准不一样,但通常会采取以下三种方式:

第一种,如果行李箱已不能装运行李,航空公司会赔偿一个新的行李箱。

第二种,如果行李箱还能够装运行李,航空公司一般会采取现场修理或折算修理费的形式进行补偿。

第三种,如果行李遗失,航空公司会先给予一定生活用品的赔偿,然后再做进一步核实查询。

领队应根据现场情况积极为游客争取最大权益。

(4)如果旅行社为游客购买了行李险,领队应找航空公司开具行李箱破损证明,并及时与国内旅行社反映情况,提醒公司申报保险,以便回程后向保险公司索赔。

相关知识

游客办理完入境手续后即可到行李大厅里相对应的行李传送带边去领取托运的行李。行李大厅有电子显示屏,会有航班号对应托运带的显示说明。

一 游客领取完行李后,领队应把团队集中,做出如下提醒及说明工作

(一)提醒游客检查行李

(1)确认行李是否齐全。有些游客托运的是两件行李,但由于粗心,往往只领取了一件行李。有时候游客是一家人一起出行,共用行李箱,容易造成乌龙事件。所以,领队要反复询问每一位游客是否拿到了所有的行李。

(2)确认行李箱是否错拿。由于行李箱大小颜色雷同,经常会有行李错拿现象。所以,领队应该提醒游客在托运前给行李箱标上记号,再次拿到行李箱时仔细检查。

(3)行李箱是否有损坏。例如,箱体是否压坏、箱面是否有划痕或裂痕、轮子是否能正常使用、锁有无撬动痕迹等。一般来说,航空公司并不会对箱子的划痕进行任何的赔偿,除非有大面积开裂现象。所以,如果有游客所持的是比较昂贵的行李箱,领队可以在托运前建议游客给行李箱套上保护套。

(4)行李箱类物品有无损坏、丢失、增加。领队在行李托运前应该提醒游客行李箱中不要放贵重物品及容易损坏的物品。如果再次拿到行李箱时,里面的贵重物品遗失,是很难追回的;如果里面的易碎物品损坏了,索赔起来也是很麻烦的事情,除非额外购买了保险;如果行李中多出了其他不明物品,切勿擅自拆开或丢弃,应尽快联系机场保安,并配合调查。

(二)再次向游客说明入境国海关规定

(1)所有行李都拿齐后,领队集中游客,再次提醒游客该国(地区)海关对游客所携带入

境物品的相关规定。

每个国家的海关规定不同,但新鲜的水果蔬菜、鲜活的动植物、各种包装的肉制品等均属于禁止入境的物品。而这些东西在出国前国内海关及安检并不会做出要求。所以,很多游客会将其携带上飞机,并误认为国内没有禁止出境的就一定能携带入境。

此外,烟、酒、外币现金对于很多国家来说属于限量物品。例如,美国入境外币限额为1万美金,俄罗斯入境外币限额500美金,法国入境外币限额为7622欧元,尼泊尔入境外币限额为2000美元,而新加坡、瑞士等国却没有数额限制,泰国则规定游客最低携带的金额为2万泰铢。各国对烟、酒的规定也不一样,日本入境可携带400支香烟,法国入境可携带400支香烟、酒2瓶,泰国入境可携带200支香烟、1公升酒,新加坡入境只能携带20支香烟。如果超出各国规定,则会进行处罚或补税。领队应了解并告知相关国家的要求,以免发生误会产生不必要的损失。

(2)如果入境国需要填写海关申报表,领队必须再次向游客说明《海关申报表》的填写规定。很多国家的《海关申报表》与入境卡是连在一起的,大部分国家使用的是英文版,这给中国游客带来了很多的不便,填写错误很可能影响正常入境。领队可以填写一个模板并将英文翻译为中文,指导游客进行填写。

(3)提醒游客不要帮助任何人携带任何行李或物品入境。如果有其他游客或陌生人因各种原因希望游客帮助其提拿任何物品应予以婉拒。

二 组织游客接受海关入境检查

通过海关安检时有两个通行通道,一个为"非申报通道"或称为绿色通道,另一个为申报通道。如果没有携带相关违禁、超过限制的或需要申报物品的人员可走非申报通道。如果携带了需要申报的物品,比如超出了限制的物品、较为昂贵的摄像器材、高端的数码产品等应走申报通道并进行申报。各国情况不一样,所选择的海关申报方式也不同,但大体分为两种,分别为口头申报及填写申报单申报。

不管走哪一个通道,一般都会有海关进行检查,检查的形式分为X光机检查、开箱检查,还有些国家采取用狗闻的形式进行检查。如果一旦查出游客携带违禁物品或携带了需要申报的物品但没有进行申报,将会面临相应的海关处罚。

领队应该告知游客,在海关人员进行例行检查时,尤其是进行开箱检查时,应当给予配合并自行打开行李箱。有些国家有法律要求,海关人员通常情况下无权私自打开游客的行李箱,但是他们有权要求游客接受开箱检查,所以,游客应自行开箱,如果游客拒不执行,他们有权强制开箱。

接受完检查后,游客应该迅速离开检查区。

任务拓展

角色扮演:请你和你的同学们分别扮演领队、游客的角色。

模拟场景1:在提取行李时,发现行李遗失,领队积极协调处理。

模拟场景2:召集游客再次说明海关检查的注意事项。

项目六
他国(地区)境内服务

◇ **知识目标**

1. 熟悉他国(地区)境内服务程序和内容。
2. 掌握他国(地区)境内服务工作技巧。

◇ **能力目标**

1. 能独立完成与当地导游会合工作。
2. 能做好客房入住服务。
3. 能与地陪商定日程并商量相关事宜。
4. 能处理他国(地区)境内的各类突发问题。

◇ **素质目标**

1. 培养学生主动沟通的习惯。
2. 培养学生的团队合作意识。
3. 培养学生对导游工作的热爱之情。

游客们经过一系列出入境手续并乘坐飞机抵达了目的国,他们的最终目的是体验目的国的美食、美景等。根据游客的出游目的,领队的主要工作就是通过与目的国地陪导游的共同配合来满足游客的愿望和要求,旅游行程中的食、住、行、游、购、娱等各项要素的实现,都需要在以目的国地陪导游为主、领队为辅的合作过程中进行。领队在境外的主要工作详见图6-1。

项目六 他国(地区)境内服务

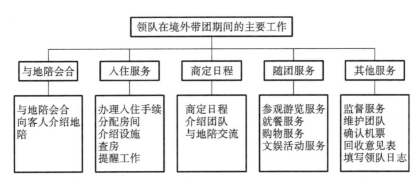

图 6-1 领队在境外带团期间的主要工作图

工作任务一　与当地导游会合

任务导入

首次任某国际旅行社领队的王先生带领的 20 人旅游团已经成功抵达泰国曼谷素万那普国际机场。但是,到达二楼 7 号出口后王先生并没有看到地陪导游前来接机,打电话也联系不上,领队王先生接下来该怎么办?

任务解析

一、没有提前与地陪导游落实清楚接团地点

领队王先生出国前一定要熟悉泰国素万那普国际机场的基本情况。作为领队,特别是首次带团去某国的领队,一定要弄清楚具体的跟地陪导游接洽的地点,以免弄错。领队王先生是第一次带团到泰国,所以,在带团来泰国之前必须要熟悉泰国素万那普国际机场的基本情况。泰国曼谷的素万那普国际机场是东南亚地区乃至亚洲重要的航空枢纽,该机场共有四层楼:四楼办理登机手续、三楼飞机落地、二楼散客出口、一楼团队出口。散客一般是在二楼 7 号出口出来,而团队是在一楼 7 号出口出来,地陪导游在一楼的 7 号团队出口等,而王先生带领游客在二楼 7 号散客出口等,自然是等不来地陪导游。

二、主动迅速与地陪导游联系

如果在规定的时间内没有等到前来接团的地陪导游,领队王先生就要迅速与地陪导游电话或微信联系,告诉地陪导游自己的具体位置。

三、要求地陪导游到团队目前所在地来会合

因为素万那普国际机场的散客一般是在二楼 7 号出口出来,而团队是在一楼 7 号出口出来,所以,领队王先生与地陪导游联系后要地陪导游迅速来二楼7号散客出口找旅游团。

相关知识

一 与地陪导游会合

办完一系列手续之后,旅游团队顺利抵达目的国,下飞机后,领队应高举导游旗,走在团队的前方,带领游客到出口与前来迎接的地陪导游会合。一般情况下,地陪导游会手持双方约定的欢迎牌迎接旅游团。领队与地陪导游见面后,应主动跟对方交换名片,再进行简单的工作交流,交流的主要内容包括以下几项。

(1)自我介绍并介绍团队的基本信息,特别是人数、国籍等,以确保地陪导游不会接错旅游团。

(2)询问行程有无变化。

(3)确认机场与景点(下榻酒店)的距离及行驶时间。

(4)清点好托运的行李,照顾游客和行李上车。

(5)告知地陪导游该团特殊要求及需要特别注意的事项。

二 向游客介绍地陪导游

领队是整个旅游团队的核心人物,他的工作主要是负责团队运行过程中所有环节的衔接。旅游团队成员经过一堆烦琐的手续进入他国,对所有的一切都感到新鲜和好奇,所以,领队要帮团员调整好情绪。

地陪导游接到旅游团后乘旅游大巴从机场出来,领队就应该开始正式讲话了。此次讲话的时间不宜过长,要言简意赅,目的是引出地陪导游,包括的内容主要有以下几项。

(1)对游客经历了漫长的旅程顺利抵达目的地表示祝贺,并预祝游客在旅游目的地国家(地区)旅行愉快。

(2)表示为游客提供服务的诚意。

(3)向游客介绍旅游目的地国家(地区)的导游(地陪)。

(4)再次进行安全方面的提醒,如督促游客系好安全带等。

小资料

领队王先生进入泰国国境致辞

各位嘉宾：

经过两个多小时的长途飞行，我们已经顺利抵达了泰国的首都——曼谷，我们身后就是东南亚地区乃至亚洲重要的航空枢纽——素万那普国际机场。下面我给大家介绍我们本次旅行最重要的灵魂人物，泰国微笑旅行社的地陪导游——李小姐，大家在泰国旅游期间如果有什么问题可以找我和李小姐，我们将竭尽所能为大家提供服务。旅行期间最重要的就是安全，所以，请大家一定要注意自己的人身和财产安全。最后，预祝大家的泰国之旅顺利、开心！

任务拓展

情景模拟：假如你是领队，刚刚带领旅游团顺利抵达澳大利亚悉尼，请你模拟入澳大利亚国境对游客的致辞。

工作任务二　入住酒店与房间安排

任务导入

地陪导游李小姐带领游客乘坐旅游大巴前往下榻的××大酒店，酒店是李小姐所在的地方接待社代订的。下了车，进了酒店，李小姐把游客安顿在大厅后，随领队来到总台办理入住登记手续。李小姐刚报完团号，总台小姐就不好意思地跟李小姐和领队说："对不起，因为这段时间是旅游旺季，所以今晚酒店客房非常紧张，原订13间客房只能给11间客房，有4个游客要睡加床，但明天就可以给13间客房。"游客们本来在等接机的过程中就有些不耐烦了，加上听说要住加床，有些游客就闹开了，纷纷表示不住了，要换酒店，领队看到这个情况，马上拿了11间客房的钥匙，把游客召集到一起，然后态度诚恳地说："各位，情况就是这样，希望大家能相互体谅，也请帮我的忙。有愿睡加床的游客请举手。"说完，领队自己先举起了手，跟着好几位游客都举起了手。房间分配好后，有些游客对房间的朝向不满意，有些游客觉得这个五星级酒店的标准低于国内五星级酒店的标准，遇到这些问题，领队该怎么解决？

任务解析

（1）领队王先生和地陪导游李小姐首先要明白：全陪导游、领队、地陪导游只有协作共事才能摆脱困难，才能完成共同的任务。

(2)快速解决少两间客房的问题。

领队王先生和地陪导游李小姐不能推卸责任,要迅速为游客解决少客房的问题。因为组团社委托地方接待社订房,但结果酒店少给了两间客房,责任似乎在于地方接待社。但是,地方接待社作为组团社的合作伙伴恰恰是经过组团社认可的,地方接待社方面出了问题,作为"资格审定者"的组团社肯定也有推卸不了的责任。所以,领队不能因为是地方接待社安排的房间而把问题丢给地方接待社导游,要与地陪导游一起快速解决问题。

(3)耐心跟游客解释房间的朝向问题,获得游客的谅解。

对于房间的问题,领队在召开行前说明会时可以事先跟游客解释清楚,因为团队要求房间的数量比较多,所以每个房间的房型、朝向等都可能不一样。因此,要提前向游客讲清楚。

对于房间朝向不满意的游客,要向游客解释。因为团队很多,所以并不是每个人都能够挑选到自己满意朝向的房间。再者,酒店的客房都住满了游客,换房间的可能性非常小。一般团队只是晚上回来住一下,白天基本上是户外活动,请游客尽量互相谅解。

如果一再向游客解释,游客还是因为客房的朝向问题不肯入住,可以询问一下团队当中有没有愿意与他们换房间的游客,如果没有,可以让游客采取住更高等级房间或是换酒店的方式,但是,额外产生的费用要游客自理。

(4)向游客解释清楚境外客房的等级跟国内的差别。

在团队的行前说明会上,要跟游客讲清楚境外的住宿标准可能会低于国内标准,不要让游客有太高的期望值。

相关知识

领队应按组团社与旅游者所签的旅游合同约定的内容和标准为旅游者提供符合《旅行社出境旅游服务规范》要求的旅游行程接待服务,并督促接待社及其导游员按约定履行旅游合同。

入住酒店前,领队应做好分房方案,属于单位集体包团的,分房方案应交由包团单位代表制定;入住酒店时,领队要协助地陪导游办好入住手续,目的国地陪导游要及时办妥住店手续,热情引导旅游者进入房间和认找自己的大件交运行李,并进行客房巡视,处理入住过程中可能出现的各种问题。总之,领队要与全陪导游、地陪导游一起合作完成游客的接待工作。

一、境外地接的工作

旅游团抵达异国并到达酒店后,当地地陪导游要尽快办理好入住手续、进住房间、取到行李,及时了解酒店的基本情况和住店注意事项,熟悉当天或第二天的活动安排。因此,地陪导游应在抵达酒店的途中向旅游者简单介绍酒店情况及入住酒店的有关注意事项,内容应包括以下几项。

(1)与酒店保持有效沟通和联系,落实住宿安排,取得客房钥匙。

(2)告知游客:

①酒店基本设施和住店注意事项。

②酒店名称、位置和入店手续,有关服务项目和收费标准。

③当天或次日游览活动的安排,以及集合的时间、地点。

④酒店内就餐形式、地点、时间。

(3)掌握全陪导游和旅游者的房间号,便于联系。

(4)需要时,等待行李送达酒店,核对行李,督促行李员及时将行李送至旅游者房间。

(5)必要时,安排次日的叫早服务。

二、领队的工作

领队除按上述要求具体实施各项服务外,还要做好以下几项工作。

(一)办理入住手续并分配房间

境外旅游团的入住酒店手续和分配房间一般都是由领队办理,地陪导游只是协助领队完成这些工作。每个领队都会有一份该团队的分房名单,因为领队是陪同游客从中国来到异国他乡,此时的领队比地陪导游更加熟悉游客,所以填写房号和分发房卡等工作由领队来完成更为方便,他只要将房间号码填好就行了。分房名单填好后,还要请酒店前台服务员帮助复印几份,领队、地陪导游及饭店前台各执一份以备查用。

(二)介绍酒店设施及注意事项

1. 设施设备介绍

领队要向游客详细介绍下榻酒店设施设备的位置,如公共洗手间、餐厅、外币兑换处、安全通道、娱乐场所等。领队应该向旅游者指明所住楼层、房间、电梯的位置以及房间门锁的开启方法等。领队要特别提醒旅游者注意爱护酒店的设施设备,要向旅游者介绍房间内保险箱的使用方法、酒店需要付费的服务和设施的使用方法。

2. 提醒洗漱时的注意事项

许多游客喜欢在酒店里洗衣服,所以,领队要提醒游客注意不要把水溅到地上流到室内,也不要借助空调吹干或用台灯灯罩去烤干衣服,如果弄坏酒店的设施是要被酒店索赔的。因此，要提醒游客短期出境最好带够每天换洗的衣服，或请酒店有偿清洗衣物。

我们国内酒店的卫生间都是有地漏的，但是许多境外酒店的卫生间地面就没有地漏，如果游客沐浴时不小心把水弄到了卫生间的地上，水就有可能流入室内弄湿地毯，所以，一定要提醒游客洗漱时将浴帘拉紧，防止水流淌到外面。

3. 提醒游客不要喧哗吵闹

中国人通常比较喜欢热闹，但这与境外许多酒店营造的带给住店游客宁静的理念恰好相反。因此，在中国旅游团下榻的酒店，酒店被其他国家游客投诉的事情时有发生。所以，一定要提醒游客注意不能违反旅游目的国的惯例，不能打扰到其他住店的游客。比如，不要在走廊上高声大叫，进入房间后记得关上房门，特别是要提醒带小孩的游客，房间里面的电视机声音千万不能开得太大，尤其是夜间别人正在休息的时候。还有些国内游客喜欢在房间内聚众打牌，许多人打牌是带彩头的，与赌博有关，这可能就会触犯当地国家的法律法规。

4. 介绍付费项目

很多游客进入房间后喜欢立马打开电视机，却发现可供选择的频道并不多，所以，领队一定要提前告诉游客这一实际情况。例如，泰国的电视除了泰国本国电视台，只可以收到CCTV1和CCTV4。有些国家旅游酒店房间的电视机会有专门的付费频道，游客如果想要看自己喜欢的节目可以请酒店工作人员按操作提示进行操作，观看节目的费用会计入房间的账单，在离店时一起交付就行了。房间冰箱内的所有酒水和食物都是有偿使用的，一定要提醒游客。

5. 其他注意事项

领队在分发房卡之前，应当首先宣布自己的房间号。待全部房卡分发完毕后再重复一次自己的房间号，以便游客有问题时能及时找到自己。

分发房卡时领队可以从酒店的前台拿到酒店的名片，并把名片分发给每一位游客，以便游客自由活动离开酒店后可以安全返回。领队要告诉游客，乘坐出租车时可以将酒店的名片交给的士司机看；如果迷路了，也可以将名片拿出来以寻求他人帮助。

境外的酒店通常不提供一次性的洗漱用品（包括卫生纸），所以，领队在召开行前说明会时就应该着重说明这一点，可以让游客提前准备。住店两晚以上的游客可以要求酒店不更换毛巾、浴巾、床单等布草，通常写一张纸条放在书桌上就行了。

带游客前往欧美国家的领队要提醒游客，在欧美国家酒店客房里，打开水龙头就可以直接饮用自来水。这些国家没有喝茶的习惯，喜欢喝现煮咖啡、冰水或冰饮，所以，没有开水来泡茶喝，但是，东南亚一些国家，以及埃及、土耳其等国家酒店的自来水就不是直饮水，需要烧开才能饮用。

(三)查房

所有游客领完房卡并入住后,领队要同地陪导游一起查看每一间客房,检查游客的房间是否有问题,如果房间存在卫生情况糟糕、设施设备损坏等问题,领队要及时与酒店沟通,必要时要帮助游客换房间。

(四)离开酒店的提醒工作

旅游团离开下榻酒店赶赴下一段旅程前,领队应将一些注意事项告诉游客。

1.提醒游客与酒店结清账目

游客在酒店打电话、看付费电视、饮用冰箱内的饮料、使用房间内的付费物品等个人消费,应当提供给酒店结清账目。要提醒游客避开团队要匆忙赶路之前和早餐后游客结账高峰期。

2.提醒游客带齐全部私人物品并清点需要托运的行李

每次离开酒店前,领队都要提醒游客检查私人物品是否有遗漏,尤其是游客的手机、首饰、手表、眼镜、假牙、充电器等物品。

3.提醒游客交还酒店的房卡

要提醒所有游客在离开酒店前将房卡交还给酒店前台。

(五)酒店突发事件的预防与处理

游客在入住酒店时,往往会发生一些意料之外的事件,这些事件的发生有主观方面的原因,也有客观方面的原因。尽管有些事件的发生是导游人员无法预料和掌控的,甚至与导游人员无关,但同样会影响到旅游企业的声誉。所以,领队和地陪导游首先应做好预防工作,不管是哪方面的原因出现了突发事件,领队应尽全力帮游客解决问题。

1.客房条件没有达到合同约定的标准

领队在带领游客出国前要跟客人解释清楚很多境外酒店的标准低于国内酒店的标准,要给游客先打好预防针。如果目的国的客房条件确实没有达到合同约定的标准,例如,无法24小时供应热水、卫生条件不达标、设施设备老化等,遇到这种情况,领队要及时与酒店前台沟通,立即为游客打扫、消毒或维修,如果游客还是不满意,必要时应调换房间或酒店。

2.出现单房

团队旅游一般安排住双标间或三人间,但难免会出现单房的情况。所以,在出国之前领队就要跟游客沟通好,一旦出现单房差,在国内就要把相关的费用收齐,不要把问题带出境外。

3. 物品遗失

很多时候是由于游客个人马虎大意造成物品遗失的,所以,领队要注意做好提醒工作,特别是游客每次上下交通工具、购物、离店时。一旦发生物品遗失事故,领队要做到态度积极、头脑冷静、行动迅速、设法补救。如果有线索,应迅速与有关部门联系查找,把损失降到最低限度;如果找不到,应迅速向组团社报告,并向有关部门报案,协助游客根据有关规定办理必要的手续。

4. 遗留物品在酒店

领队不论在何时都要提醒游客注意保护好自己的财产,特别是在退房即将离开本地时。但是,即便领队再三提醒,还是有些大意的游客在退房后发现留有物品在酒店。如果游客是在去机场的途中或到达机场后发现物品遗留在酒店,如时间允许,领队可以请酒店员工将客人物品送给游客;如果游客回国后发现东西遗留在酒店,可请酒店员工快递给游客。以上两种情况产生的交通费和邮寄费用都由游客自行承担。

小资料

泰国住宿注意事项

(1) 酒店登记,领取房卡,可咨询是否有免费 Wi-Fi。

(2) 入住房间之后,把房门反锁,贵重物品放入保险箱。外出时,贵重物品要随身携带,不要放在房间内。榴梿、杧果等水果不要带进房间,甜食会招来昆虫,异味会影响房间其他游客。

(3) 房间里的酒水、饮料、零食未包含在房费内,如果消费或者带走都是需要另外付费的。

(4) 酒店游泳池未开放时请勿擅自入池游泳,并切记勿单独入池。

(5) 早上离开酒店时记得在床头放 20 泰铢小费,不要放硬币,硬币一般认为是给乞丐的,会认为是不尊重别人。

(6) 泰国是个小费国家,而付小费是一种礼仪,一般以下几个地方需要付小费。

① 早上离开酒店放 20 泰铢。

② 古式按摩可视按摩师的服务质量或专业水平而弹性给予,为 50~100 泰铢。

③ 丛林骑大象每次付驯象师 20 泰铢。

④ 马车游棕天,每次付马夫 20 泰铢。

⑤ 与人妖拍照每人每次 20 泰铢,和《泰囧》里面的 Rose 拍照要付 400 泰铢。

⑥ 行李小费。一间房间一次约给行李人员 20 泰铢。

任务拓展

(1) 泰国是个有付小费习惯的国家。一般住宿在酒店的游客每天早上出门之前都要放 20 泰铢(相当于 4 元人民币)在床头显眼的位置作为客房服务人员的小费。但是,团队中有两个年纪比较大的老人,因为之前并不了解泰国的这个习惯,他们固执地认为自己的团费已经包含了所有费用,所以拒绝再付小费。假如你是领队,面对这样的情况该如何处理?

(2) 王先生带领的中国旅游团在入住曼谷酒店退房时,酒店工作人员发现某房间的一瓶饮料被游客打开喝完了,于是要求该房间的游客支付相应的费用,但是游客坚决不承认自己动了饮料。假如你是领队王先生,此时该怎么做?

工作任务三　与地陪导游商定日程并商量相关事宜

任务导入

8月18日凌晨,武汉 A 组团社领队小张经过三个多小时的长途飞行,带领团队安全抵达泰国曼谷素万那普机场,前来接机的是泰国 B 旅行社地陪导游李先生,领队和地陪导游安排好游客入住后便开始核对行程,如表 6-1、表 6-2 所示。

表 6-1　泰国地接出团通知书

出团名称:缤纷曼芭6天5晚游

团队出发日期:2017 年 08 月 17 日

集合时间:08 月 17 日下午 21:00 在武汉天河机场国际出发厅集合

飞机航班时间(我社保留航班变更权)			
搭乘日期	航班号码	起讫城市	搭乘时间
2017/08/18	SL8053	武汉/曼谷	0025/0230
2017/08/22	SL8052	曼谷/武汉	1855/2300
地接联络处			
	联络人		联络电话
国内领队	张玲		13986272××××
泰国地接	李志		086—283××××

续表

天数	日期	行程	酒店/地址
第一天	8.17	带着愉悦的心情从机场出发,由我社的专职领队帮您办理乘机手续,搭乘国际航班飞往浪漫的曼谷,抵达后专车接往酒店休息,祝您好梦! 晚餐:无	曼谷当地五星级酒店
第二天	8.18	曼谷(大皇宫+玉佛寺+湄南河人家+76层玉叶大厦+阿南达沙玛空皇家御会馆(每逢周一闭馆,改为游览大理石寺)+巧克力镇(Chocolate Ville)) 早餐:酒店自助餐 午餐:玉叶大厦76楼餐厅 晚餐:巧克力镇 Chocolate Ville	曼谷当地五星级酒店
第三天	8.19	曼谷—芭提雅 (东芭乐园+富贵黄金屋+风月步行街+蒂芬妮顶级人妖秀) 早餐:酒店自助餐 午餐:泰式风味餐 晚餐:富贵黄金屋自助餐	芭提雅海边当地五星级酒店
第四天	8.20	芭提雅 (珊瑚岛+独家赠送帝王岛+太平洋观景台+骑大象游清迈小镇+泰式古式按摩) 温馨提示: ①如遇台风或者雨季影响,不适合出海,根据实际情况安排其他景点。 ②因快艇颠簸,不适合60岁以上长者,我司将安排长者在酒店休息,提供午餐。 ③金沙岛的海上项目属于游客自理消费项目,如参加报名,费用直接交予船家。 ④如有对海鲜过敏或肠胃欠佳者,请提前告知领队或者导游,我们将做妥善安排。 ⑤泰式按摩小费自理50泰铢/人。 ⑥年龄未满18岁的团友不适合参加的项目,费用不予退还。 早餐:酒店自助餐 午餐:艺廊酒店鱼排半自助餐或酒店内合菜 晚餐:泰式风味餐	芭提雅海边当地五星级酒店
第五天	8.21	芭提雅—曼谷 (神殿寺+树贴热带水果园+免税店) 早餐:酒店自助餐 午餐:泰餐全席 晚餐:King Power海鲜自助餐	曼谷当地五星级酒店

续表

天数	日期	行　　程	酒店/地址
第六天	8.22	于指定时间集合前往机场,搭乘国际航班,回到温馨的家。 早餐:酒店自助餐 午餐:泰餐全席 晚餐:飞机	

表 6-2　泰国领队出团通知书

出团名称:缤纷曼芭 6 天 5 晚游

团队出发日期:2017 年 08 月 17 日

集合时间:08 月 17 日下午 21:00 在武汉天河机场国际出发厅集合

飞机航班时间(我社保留航班变更权)			
搭乘日期	航班号码	起讫城市	搭乘时间
2017/08/18	SL8053	武汉/曼谷	0025/0230
2017/08/22	SL8052	曼谷/武汉	1855/2300
领队联络处			
	联络人		联络电话
国内领队	张玲		13986272××××
泰国地接	李志		086—283××××

天数	日期	行　　程	酒店/地址
第一天	8.17	带着愉悦的心情从机场出发,由我社的专职领队帮您办理乘机手续,搭乘国际航班飞往浪漫的曼谷,抵达后专车接往酒店休息,祝您好梦! 晚餐:无	曼谷当地五星级酒店
第二天	8.18	曼谷(大皇宫+玉佛寺+湄南河人家+76 层玉叶大厦+阿南达沙玛空皇家御会馆(每逢周一闭馆,改为游览大理石寺)+巧克力镇(Chocolate Ville)) 早餐:酒店自助餐 午餐:玉叶大厦 76 楼餐厅 晚餐:巧克力镇 Chocolate Ville	曼谷当地五星级酒店
第三天	8.19	曼谷—芭提雅 (东芭乐园+富贵黄金屋+风月步行街+东方公主号游轮+蒂芬妮顶级人妖秀) 早餐:酒店自助餐 午餐:泰式风味餐 晚餐:富贵黄金屋自助餐	芭提雅海边当地五星级酒店

续表

天数	日期	行　　程	酒店/地址
第四天	8.20	芭提雅 （珊瑚岛＋独家赠送帝王岛＋太平洋观景台＋骑大象游清迈小镇＋泰式古式按摩） 温馨提示： ①如遇台风或者雨季影响，不适合出海，根据实际情况安排其他景点。 ②因快艇颠簸，不适合60岁以上长者，我司将安排长者在酒店休息，提供午餐。 ③金沙岛的海上项目属于游客自理消费项目，如参加报名，费用直接交予船家。 ④如有对海鲜过敏者或肠胃欠佳者，请提前告知领队或者导游，我们将做妥善安排。 ⑤泰式按摩小费自理50泰铢/人。 ⑥年龄未满18岁的团友不适合参加的项目，费用不予退还。 早餐：酒店自助餐 午餐：泰式风味餐 晚餐：艺廊酒店鱼排半自助餐或酒店内合菜	芭提雅海边当地五星级酒店
第五天	8.21	芭提雅—曼谷 （神殿寺＋树贴热带水果园＋免税店） 早餐：酒店自助餐 午餐：泰餐全席 晚餐：King Power 海鲜自助餐	曼谷当地五星级酒店
第六天	8.22	于指定时间集合前往机场，搭乘国际航班，回到温馨的家。 早餐：酒店自助餐 午餐：泰餐全席 晚餐：飞机	

请仔细核对两份行程，找出不一致的地方并提出解决方案。

任务解析

（1）行程第一处不一致的地方：领队的行程第三天8月19日晚上7：00有免费游东方公主号游轮，但是地陪导游的行程单是自费游东方公主号游轮。

解决方法：此处行程不一致的地方因为影响费用的问题，所以领队和地陪导游要致电各自所在旅行社OP，看问题出在哪里。经过核实，是由于国内组团社OP操作失误，把上个月的行程单给了领队，游客签署的合同显示也是免费游东方公主号游轮，所以一切要以跟游客签订的合同为依据。

(2)行程第二处不一致的地方：第四天地陪导游接团通知的午餐是艺廊酒店鱼排半自助餐或酒店内合菜，晚餐是泰式风味餐；领队接团通知的午餐是泰式风味餐，晚餐是艺廊酒店鱼排半自助餐或酒店内合菜。

解决方法：此处行程不一致的地方因为不影响团队的接待标准也不会额外增加费用，所以两位导游可以协商解决，同时要做好游客的解释工作。

相关知识

游客入住酒店安顿好后，领队就要与地陪导游一起对此团的接待事宜逐一沟通和落实。

一 核对并商定日程

核对、商定日程是旅游团抵达后的一项重要工作，可视作两国（两地）间导游人员合作的开始。领队与地陪导游首先要对照双方所持行程，仔细核对下榻酒店、酒店星级、游览景点、停留天数、离开时间、抵离某地的交通工具等内容是否一致。如果发现有不一样的信息，应该马上请地陪导游与接待社联系。

领队要对行程表中所涉及的房、餐、车、景点、娱乐等诸多细项按照旅游团在每地停留的天数逐项核对。地陪导游有时会提出调整行程的建议，如果他的建议不会妨碍整体行程，领队可以同意其要求，并在原有的计划表中进行记录和更改。不论行程做何种修改，都要找合适的机会将更改的内容告诉游客。

领队希望得到他国导游人员的尊重和协助，商定日程并宣布活动日程是领队的职权。在核对、商定日程时一般可能会出现以下三种情况。

（一）提出小的修改意见或增加新的游览项目时

(1)及时向旅行社有关部门反映，对合理又可能满足的项目应尽力予以安排。

(2)需要加收费用的项目，地陪导游要事先向领队或游客讲明，按有关规定收取费用。

(3)对确有困难无法满足的要求，地陪导游要详细解释、耐心说服。

（二）提出的要求与原日程不符且又涉及接待规格时

(1)一般应予婉言拒绝，并说明我方不便单方面不执行合同。

(2)如确有特殊理由，并且由领队提出时，地陪导游必须请示旅行社有关部门，视情况而定。

（三）领队手中的旅行社接待计划与地陪导游的接待计划有部分出入时

领队要及时报告旅行社并查明原因，分清责任。若是接待方的责任，地陪导游应实事求是地说明情况,并向领队和游客赔礼道歉。

（二）向地陪导游介绍团队的特殊性

为方便地陪导游及时准备并作安排,领队应该将团队的特殊性向地陪说明。例如,团队成员都是退休教师,所以行程安排不能太急促,要多讲解一些历史文化知识；有几位游客是素食主义者,需提前跟餐厅沟通等。

（三）行程当中领队与地陪导游的交流

1. 与地陪导游在车上第一排就座

领队为方便与地陪导游的沟通,应与地陪导游在车上第一排就座,这样可以方便随时与地陪导游进行沟通。

有些领队喜欢坐在车的后面,其实是欠妥当的,因为有时候领队与地陪导游的沟通涉及团队构成、费用问题、游客的客情等问题,是需要避开游客的。如果领队坐在车后的目的是要及时与车内的游客进行交流,可以在车辆停止行驶时来回走动。

2. 行程中出现的问题要及时商量

旅游团队在游览途中如果遇到交通严重堵塞、泥石流、地震、大雾等问题,领队和地陪导游就要一起对行程进行调整。调整如果仅是前后次序,领队与地陪导游商量决定即可,但需要向游客说明情况；如果行程调整涉及游览项目的取消或费用的增加,则必须要由领队征询游客意见并报告旅行社后再做决定。

3. 向地陪导游反映游客意见和要求

因为领队代表的是国内组团社的利益,是出境团队的领导者和发言人,与游客的关系较地陪导游更为亲密,所以要及时反映游客对食、住、行、游、购、娱等各方面的要求。

任务拓展

仔细研究领队和地陪导游的两份行程的二维码,看有哪些不一致的地方,如果你是领队,你该如何解决?

工作任务四 随团服务

任务导入

(1)在泰国曼谷参观著名的旅游景点——大皇宫时,有两位爱美的女士不听地陪导游劝告穿短裙参观,被大皇宫工作人员拦在了景区门外,如果你是领队,你将怎么处理此事?

(2)领队和地陪导游带领游客上午8:30抵达大皇宫景区,参观时间为2个小时,团队11:00准时在景区门口集合等旅游车,但是等到11:30,旅游车才姗姗来迟,因为天气非常炎热,很多游客开始抱怨起来,看到这一情景,作为领队的你应如何给游客做好解释工作?

(3)领队张先生带领的泰国"曼谷—芭提雅六日游"中国旅游团在曼谷用完第一顿团餐后,游客表示食物太辣、太酸,也吃不惯咖喱,如果你是领队你将怎么做?

(4)旅游团队在芭提雅观看了东方公主号游轮的人妖表演后,有几位男士与人妖合了影,但却不愿意出20泰铢的费用,领队该怎么处理此事?

任务解析

(1)首先,作为领队,在国内召开行前说明会时一定要提醒游客尊重旅游目的地的文化习俗,因为泰国是一个信仰佛教的国度,很多的旅游景点都跟佛教有关,是不允许穿短裤和短裙以及若隐若现的蕾丝衣物进入景区参观的。其次,如果游客不听劝告还是穿了短裙被拒绝参观,又来不及回酒店换衣服的话,可以请游客在景区外商店购买泰国的特色服饰——纱笼,将纱笼围住下身过膝盖就行了。最后,事后一定要再次向游客强调要尊重当地的风俗习惯,不然会被拒之门外。

(2)领队在参观游览景点前一定要提前告诉游客,泰国曼谷的停车场非常少,特别是在一些热门景区的门口,游客下车后,旅游大巴没有地方停车,需要绕到很远的地方,所以,导致交通非常拥堵。当然,领队也要提醒地陪导游在游客出景区前提前打电话告诉司机大概什么时候可以参观完。

(3)泰国的饮食特点是以酸辣著称,领队张先生在国内组织游客召开行前说明会时一定要向游客讲清楚泰国的饮食特点。在与地陪导游商定日程和注意事项的时候要告诉地陪导游游客的饮食习惯,尽量满足游客的要求。如果游客还是觉得太酸太辣,可以再将游客的要求转达给地陪导游,让餐厅准备菜肴的时候尽量少放辣椒、柠檬、咖喱之类的调味品。

(4)在观看人妖表演之前,领队应该向地陪导游了解情况后再告诉游客当地的规定,在泰国观看表演完后与人妖合影是需要收取费用的,曼谷约 40 泰铢,芭提雅约 20 泰铢。

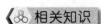

相关知识

为确保旅游计划的顺利实施,领队应积极配合地陪导游的工作,必须始终记住自己所担负的"督促接待社及其导游按约定履行旅游合同"的责任。因此,领队在境外带团期间的主要工作有四个方面。

一 游客参观游览时的服务

(一)提前出现在集合地点

出发前,领队应提前至少 10 分钟到达指定集合地点,热情招呼游客。当游客需要帮助时,领队应该及时提供帮助。

(二)清点人数

待游客上车后,领队应礼貌地清点人数。如果发现有游客未到,要向其他游客问明情况并及时寻找。如果游客自愿留在酒店不随团活动,领队要问明情况,留下书面记录并请游客签名。领队要提醒留店游客注意自己的人身和财产安全,必要时留下酒店的名片。如果游客是由于身体原因留在酒店不随团活动,要了解其病情,劝其早点就医,如果病情比较严重的,领队还要帮助游客去医院看病,地陪导游带领旅游团其他成员完成余下行程。

(三)回答关于日程安排方面的问题

虽然地陪导游会告诉游客游览行程,但是,领队也需要随时回答游客关于日程方面的问题,比如去每个景点路途花费的时间、每个游览项目所需时间、用餐的时间和地点等。如果遇到需乘船或乘坐缆车的项目,需要说明准确的乘坐时间、地点、费用,并提醒注意事项。

(四)监督地陪导游提供讲解服务

领队在参观游览前要告诉地陪导游游客感兴趣的内容,例如,教师团就需要向游客详细介绍景区的历史和特色。如果在参加游览过程中地陪导游出现"游而不导"的行为,领队要适时提出,让地陪导游为游客详细介绍旅游景点;如果出发地到景点的路途比较远,游客又不愿意听导游讲解沿途风光和本地风情,领队可以建议地陪导游组织游客开展一些活动,以活跃车内气氛,使旅途变得轻松愉快。

(五)做好提醒工作

抵达游览景区后,领队应该在地陪导游提醒后、游客下车前再次重复旅游车的车牌号码、颜色、标志、在景区的停留时间、集合时间和地点，以免提前出景区的游客找不到旅游车。此外，在景区游览示意图前，领队还要再次提醒游客游览路线和注意事项。

领队在游客参观游览过程中要做到时刻不离开旅游者，并注意观察周围环境，随时清点人数，特别关注老弱病残旅游者，在地陪导游带领游客参观游览期间，领队要走在队伍的最后，以免旅游者走失或发生意外。在当地地陪导游缺位或者失职的情况下，领队要履行地陪导游的职责。

（六）游览过程中突发事件的预防与处理

在参观游览过程中，领队应当就可能危及旅游者人身和财产安全的情况，向游客做出真实的说明和明确的警示，并按照组团社的要求采取有效措施，防止危害的发生。

二 游客就餐时的服务

旅游团就餐时，领队要做的工作主要有以下几项。

（1）介绍餐馆及菜肴的特色。例如，泰国菜以色香味闻名，第一大特色是酸与辣。泰国厨师喜欢用各式各样的配料，如蒜头、辣椒、酸柑、鱼露、虾酱之类的调味品来调味，煮出一锅锅酸溜溜、火辣辣的泰式佳肴，招牌菜有冬阴功（酸辣海鲜汤）、椰汁嫩鸡汤、咖喱鱼饼、绿咖喱鸡肉、杧果香饭等，各餐馆喜欢做鱼、虾和蟹，如炭烧蟹、炭烧虾、猪颈肉、咖喱蟹等。而马来西亚菜普遍运用咖喱、参拜、阿三、冬炎四大香料调味烹制，以酸辣口味，颜色鲜丽丰富见长的菜肴，多以牛、羊、鸡、鸭、鱼、虾为主料，少用或不用猪肉。椰汁是他们食品中的主料，菜肴独具一格，别具风味。著名的菜品有阿三鱼头、冬炎花枝、沙爹串烧等。

（2）引导游客到餐厅就座，介绍餐馆的相关设施。如洗手间的位置、自助餐台的位置等。

（3）向游客说明酒水饮料的类别，告诉他们哪些是自费、哪些是免费的。

（4）介绍当地的用餐礼仪。如欧美、泰国等地习惯用刀叉，不习惯用筷子进食。进入餐厅后应排队就餐，不能大声喧哗，更不能做出酗酒、划拳、吸烟等影响他人就餐的不文明行为。进餐过程不能大声喧哗吵闹，要特别提示带小孩的游客。

（5）提醒游客注重节俭。例如，在吃自助餐的时候，一次不要拿太多的食物，可以提醒游客吃完再取。还要提醒游客，餐厅中的食品、酒水和饮料等都不能带走。如2016年3月，据泰媒报道，一名泰国网友通过脸书账户分享了中国游客在泰国清迈一酒店自助餐厅疯狂铲虾的视频。视频中显示，部分游客不仅用盘子直接铲，而且一次带走2～3盘。视频发布21小时即突破31万观看次数，泰国网友纷纷留言：生下来到现在都没吃过虾吗？这些不文明行为给人留下了非常不好的印象。又如，郑州导游小周吐槽带团时团友做出的那些让她感到脸红的不文明行为，其中就餐浪费的情况最为严重。小周说，2016年9月份她带团去泰国，入住的是当地一家五星级酒店，第二天吃自助早餐，出了国大家都想尝尝异国风味，在餐台前见什么拿什么，很多人面前的食物都能堆成小山，有些只是咬一口尝尝就扔一边了。最夸张的是,一位40多岁的女士,足足拿了两大盘烤面包片,一个压一个垒得很高。"当时我也想上前提醒她少拿点不要浪费,可尴尬,我都感觉脸红了。"此外,餐厅规定食物不能带走,可仍然有团友用纸巾包些食物,偷偷塞进包里。小周直言,每次出发前,他们都会与团友签一份文明旅游公约,特意提醒要注意节俭,不要浪费,可总会有人不在意这些。所以,在用自助餐时,领队应提醒游客遵循"少拿多跑"原则排队取菜。同时,自助餐还强调"各取所需",所以,不要太过热情,替他人取菜。就餐完毕后,应将餐具放到指定地点,切忌将餐厅食物带走。

(6)游客用餐时领队要同地陪导游一起巡视几次,看游客是否需添饭、菜量是否够、对菜肴满不满意。

(7)解答游客在用餐过程中的提问,解决各类问题。

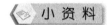

泰国十大美食

1. 杧果糯米饭

Mango Sticky Rice 杧果糯米饭是泰国经典的甜主食。杧果和糯米饭要一起进嘴才能起最魔幻的化学反应。杧果甜中带酸,这酸味与裹上了浸泡香浓椰浆的泰国香糯米饭的甜味混合,美妙无比。糯米洁白如玉,杧果灿灿如金,大鱼大肉的油腻过后,这道主食就显得格外清新爽口。

2. 泰式火锅

Mu-Katha 标准的泰式火锅,汤底口味酸辣,添加了很多天然植物香料,也有改良过的清淡口味可供选择。大部分泰式火锅的锅边一圈为涮锅,中间是用碳加热的烤盘,可以烧烤肉类或菌类,尤其是新鲜水产烧烤起来鲜香无比;也有些泰式火锅是纯粹的涮锅。

3. 泰式炒面

Pad Thai 泰式炒面以泰国河粉加上香料、肉类、蔬菜、鸡蛋等材料同炒而成,食用前可以依据自己的口味挤半个酸橙在面上,味道酸爽可口。

传统的泰式虾面是用鲜虾作主料,现在大多数餐厅也有鸡肉、牛肉、猪肉等肉类可供选择。

4. 青木瓜沙拉

Som Tam 辣味青木瓜沙拉是一种以青木瓜丝为主料,配以鱼露、柠檬汁、蔬菜丝、大蒜和辣椒的凉拌沙拉,口感辛辣。

青木瓜沙拉原本是老挝—泰国东北部地区的风味美食,后传至泰国各地并被人们所喜爱。

5. 椰汁鸡汤

Tom Kha Gai 泰式椰汁鸡汤可谓是曼谷名汤,已有数百年的历史。因为椰奶带甜味,又比较油腻,所以一般在泰国菜中,椰奶多用作咖喱菜肴之调味或调色,极少作烹汤用。

但在这道菜中,却利用椰奶代水煮汤,别具一格。汤中还加上南姜、香茅、芫荽、朝天椒、鱼露、青柠檬汁和砂糖等配料。口味香甜浓郁,让人难以忘怀。

6. 咖喱猪肉面

正宗的咖喱猪肉面,主料由猪肉碎、猪排、西红柿、猪血块、咖喱组成,配以木棉花、红辣椒、大蒜和虾酱等材料。木棉花只有在每年的12—2月才会有,自然晒干。所以,这道名吃并非什么时候都可以吃到,而且有些地方限量供应。

7. 泰式炒河粉

泰式炒河粉可说是泰国菜里的招牌菜,先将河粉用甜酱炒得甜甜咸咸的,之后在旁边摆上碎花生、辣椒粉、花生粉以及豆芽菜等,要享用之前先把所有的调料全部拌匀,再加上几滴柠檬汁,入口后弹牙的河粉与爽口的豆芽,交错出绝妙的口感,在花生粉的香气中,柠檬汁更将整道菜的鲜甜滋味缓缓带出,最后出现的才是辣椒粉的劲道。

8. 泰式菠萝炒饭

奇香的泰国香米,搭配菠萝以及什锦蔬菜,用大火爆炒,酸甜偏咸的口感,吃一口就令人食欲大开,加上酥脆的腰果,入口之后层次丰富,回味无穷。

9. 冬阴功汤

"冬阴"是酸辣的意思,"功"是虾的意思,翻译过来其实就是酸辣虾汤。冬阴功汤分成两种:一种是清汤,另一种是浓汤。大凡首次品尝泰冬阴功汤的人都会觉得它调料独特、味道清新,喜欢它的人会觉得越吃越有味道,越吃越上瘾。

10. 咖喱炒蟹

极受欢迎的泰国名菜,切块的红蟹加上配菜与咖喱和各式香料共炒,突出蟹肉的鲜味与弹性,风味独特。主料为泰国的青木瓜切丝,配料有青豆角、蒜头、虾米、西红柿、椰糖、辣椒等,再加入酸子汁及柠檬汁,整道菜香辣而带酸,口感爽脆,十分开胃。

(三) 游客购物服务

购物是旅游消费的一个重要组成部分,对旅游目的地具有重要的经济意义。领队要根据接待计划规定的次数、购物场所和停留时间,严格监督地陪导游的导购服务工作。

在境外旅游购物时,领队要提醒游客尽量亲自参与购物的全过程,不要轻易委托当地导游或他人代理购物,确需地陪导游代购时也要主动索要购物凭证。一些国家和地区为鼓励境外游客消费,对在退税定点商店购买的随身携运出境的物品实行退税政策。游客在境外标有"Global Blue Tax Free Shopping"（环球蓝联退税购物）的商店购物后，切记提醒游客按照相关程序及时办理退税。

（一）合理、合法安排行程中的购物环节

随着旅游者的消费观念越来越成熟，他们会很反感导游带自己去一些不想去的购物商店，所以，领队要监督地陪导游安排游客完成行程计划中的购物安排。

有些游客可能会提出增加购物点或需要导游带自己去购买一些特色的纪念品，领队和地陪导游应充分考虑到游客的心情，尽可能在时间上满足游客的要求，但是，增加的购物点必须征得所有游客的同意并签字后才能前往。

（二）提醒注意事项

购物前，领队要向游客讲清楚购物的注意事项。根据我国的相关规定，肉类及其制品、水生动物产品、动物源性奶及其制品、蛋及其制品、燕窝（罐头装除外）、新鲜水果和蔬菜等动植物产品，都是明令禁止携带、邮寄入境的。因此，领队要特别提醒游客出入境前最好提前了解相关的法律法规，按照法律法规携带、邮寄物品，避免经济损失。如果在泰国的游客想购买燕窝、象牙制品、药品、水果等，领队应告知海关的有关规定。

（三）对旅游者购物中有关问题的处理

如果游客在街头碰到强卖的小商小贩时，领队有责任提醒游客不要上当受骗。旅游购物退货问题是旅游中常见的问题，如果游客对买到的商品不满意，需要退换时，领队和地陪导游应该及时帮助游客处理，但事先要向游客讲清楚注意事项。

(1)在没有强迫或者变相强迫、欺骗或者变相欺骗的前提下，旅游者自己必须承担较大的责任。作为完全民事行为能力人，旅游者和旅游商场经过讨价还价，购买了旅游商品，应当认定该行为是旅游者真实意思的表现，旅游者应当对自己的购买行为负责，必须承担购买商品的后果。

(2)在没有无条件退货承诺地区的旅游购物，单纯的价格纠纷，旅行社和导游不应当承担责任，但必须履行协助义务。这里的协助义务，主要是要求领队和地陪导游与购物商场联系，协助旅游者退货。

(3)在承诺无条件退货地区的旅游购物，领队和地陪导游应当把退货的注意事项在行前告知旅游者，而不能只向旅游者灌输无条件退货的概念。只要履行了告知义务，旅行社的导游人员仅仅需要承担协助义务，而不需要承担赔偿责任，否则，承诺无条件退货的商品不能退还，或者旅游者因退货遭受经济损失，旅行社应负赔偿责任。

(4)如果旅游者在旅行社安排的购物场所所购商品系假冒伪劣商品，旅游者提出索赔的，旅行社应当积极协助旅游者进行索赔，自索赔之日起超过60日（出境旅游为90日），旅游者无法从购物点获得赔偿的，旅行社应当先行赔付。

四 文娱活动服务

文娱活动是旅游活动重要的组成部分,旅行社通常在旅游接待计划中都有安排。组织和安排文娱活动一方面可以向旅游者传播当地的文化,另一方面也能够丰富旅游者的旅行生活。游客在参加文娱活动过程中,领队的主要工作有以下几项。

(1)简单介绍节目内容及其特点。

(2)引导旅游者入座。

(3)提醒注意事项。

在境外,观看表演和剧场演出是会有许多限制的,所以,在观看演出之前领队应该向地陪导游了解情况后再告诉游客。例如,观看演出是否允许拍照、摄像,演出结束后游客与演员合影是否应该付小费、该付多少。一些正规的芭蕾舞、歌剧等演出对观众的服装会有要求,领队要提前告诉游客以便做好准备。此外,境外的剧场观看演出时通常不允许吃零食、喝饮料、接听电话,领队要特别提醒游客不要违反相关的规定。

游客提出文娱活动方面的种种要求时,导游人员应本着"合理而可能"的原则,视具体情况妥善处理。目的国(地)安排的文娱活动主要有以下三种情况。

(一)计划内的文娱活动

计划内的文娱活动一般在协议书中有明确规定,若无明文规定,导游人员最好事先与游客商量,然后再安排。

旅行社已安排观看演出,游客要求观看另一场演出,若时间许可又有可能调换时,可请旅行社调换;若无法安排,导游人员要耐心解释,并明确告知票已订好,不能退换,请游客谅解;若游客坚持要求观看别的演出,导游人员可予协助,但费用自理。

部分游客要求观看别的演出,处理方法同上。若游客分路观看演出,在交通方面导游人员可作如下处理:如两场演出点在同一线路,导游人员要与司机商量,尽量为少数游客提供方便;若不同路,则应为他们安排车辆,但车费自理。

(二)计划外的娱乐活动

团队的所有游客提出自费观看演出或参加某种娱乐活动,导游人员一般应予以协助,如帮助购买门票、要出租车等,通常不陪同前往。如果游客要求去大型娱乐场所或情况复杂的场所,领队须提醒游客注意安全,必要时应陪同前往。但是,绝对不能让某一些或某个客人单独参加计划外的娱乐活动。

(三)游客要求前往不健康的娱乐场所

游客要求去不健康的娱乐场所和过不正常的夜生活时,领队应断然拒绝并介绍中国的传统和道德观念,严肃指出不健康的娱乐活动和不正常的夜生活在任何地方都是禁止的。

任务拓展

入住泰国芭提雅某酒店的团队游客在退房时,客房服务人员发现某客房的饮料被喝完了,于是在退房时要求支付40泰铢的饮料费,但是,游客不肯付钱,坚持自己没有喝,领队碰到这种情况该如何处理?

工作任务五　其他相关服务

任务导入

领队金先生带领旅行团在澳大利亚旅游10天,一路上,金先生对游客热情友好,服务周到,所有的旅游者对金先生非常满意。美中不足的是在旅途中由于天气原因经常出现航班延误,导致游客经常长时间在机场等候,浪费了游客许多宝贵的时间,有些旅游景点的参观不得不临时取消。旅游团在离开澳大利亚之前,有一位游客向金先生进行了口头投诉,他认为组团社的旅游行程安排不妥,主要是飞机不能准时起飞,浪费了大家的时间,影响了正常的参观游览。这位游客希望组团社重视这个问题,给所有的旅游者一些物质补偿。如果你是领队金先生,你将怎么处理此事?

任务解析

领队金先生首先应该认真虚心地倾听游客的投诉,对游客表示同情和安抚。其次,要向游客解释清楚,因为天气原因出现航班延误属于不可抗力,并不是我方旅行社不作为。再次,说明愿意把游客的意见转告给自己的旅行社,在旅行社的指示下尽快给客人答复。如果旅行社愿意给客人一些物质补偿,可以答应客人的要求;如果旅行社强调不是由于自身的原因引起的飞机延误,不负责赔偿,导游人员也要委婉地将旅行社的意思转达给客人。最后,还要感谢游客提出的投诉。

相关知识

领队在境外带团期间除了安排好旅游者在境外的食、住、行、游、购、娱等各项工作外,还有另外一些繁杂的工作也需要处理好。

一　监督地接社执行旅游接待计划

督促境外接待旅行社和导游人员等方面执行旅游接待计划,是出境领队最主要的工作之一,领队应时刻提醒自己是中国旅行社派出的代表,有权对境外旅行社接待计划的执行情况和接待质量进行监督。

如果接待旅行社的安排与组团社下达的计划不符或导游的行为对旅游团队的接待质量有直接损害,领队都应以组团社的名义进行交涉。出境旅游团在境外期间,领队同时也是游客的代表。领队可以代表游客对境外旅行社或导游提出合理要求,并要时时处处维护游客的合法权益不受损害。

二 维护旅游团的内部团结

在境外旅游期间,领队的另一项重要工作是维护好整个旅游团的团结,协调好旅游者之间的关系,合情合理地处理好发生在旅游团内部的某些矛盾,以保证旅游行程的顺利完成和旅游合同的顺利履行。如果是散拼团或者是几家旅行社共同组团出行,发生问题和产生矛盾的可能性较大,所以,领队在安排座位、规定游览时间和集合时间等时要考虑多方面的要求。

三 处理投诉

旅游者以书面或口头形式向旅游管理部门、旅行社或导游人员本人提出投诉,属于其合法权利。因为领队是出境旅游团队的核心人物,在许多情况下,出境旅游者有问题往往会直接向领队倾诉或投诉。领队一定要将游客在境外的投诉就地解决,不要将问题带回国内。投诉不一定是坏事,某些时候还有助于加强境外旅游接待工作中的一些薄弱环节。

领队应该正确掌握处理投诉的步骤。如果投诉涉及领队本身,领队要认真对待,冷静理智地思考问题出在哪里,然后正确处理。不管旅游者的投诉正确与否,领队都应该持认真的态度,那种无所谓以及与游客争吵的态度都是不可取的。当旅游者投诉的内容并不涉及领队工作的本身,而是出在其他相关旅游产品的供给部门时,领队不要认为这些部门与己无关,马上一推了之,或者与旅游者一起抱怨。领队应该认识到,相关旅游部门提供的旅游产品也是自己旅行社产品的重要组成部分。

(一)处理游客投诉的方法

1. 尽量采用个别接触的方式

一旦游客向领队提出投诉,其复杂的心情和不满的态度是可以想象的。问题在于这种不满情绪可能会引起其他游客的注意和同感,因此,把游客中的不满情绪降低到最小限度和范围是导游员必须重视的问题。此时,领队要采取积极认真的态度,最好把游客请到远离旅游团队的地方,比如,在领队单独住的房间里,或把游客请到另一边等,切忌在游客中间议论交谈,也不要在乱哄哄的环境中交谈。即使是集体投诉,也希望游客选派少数代表前来进行谈判,要知道游客人数越多,越谈不好,达不成解决问题的协议。同时,要防止事态进一步扩散和造成不良后果。

2. 头脑冷静认真倾听

一般地说,游客面对领队进行投诉时,其情绪较为激动,声调较为响亮,其中也难免带有一些侮辱性的语言。游客的观点可能是合情不合理,也有合理不合情的现象。此刻,领队最好要保持冷静的头脑,认真倾听和理解其投诉的内容和实质,必要时做一些记录,使游客觉得领队在认真听他的陈述,态度是端正的。另外,领队要善于引导游客把投诉内容讲得尽量详细和具体些,以便领队把情况掌握得更全面更准确些。假如因游客情绪激动而无法交谈下去的话,领队也必须有礼貌地向游客提出建议另找时间再谈,这样使紧张的气氛变得有所缓和,同时也好让游客慢慢地稳定情绪。

不管游客的投诉正确与否,领队都得持认真的态度,那种无所谓以及与游客争吵的态度都是不对的。

3. 努力找出投诉的核心问题

游客提出投诉都有其目的与要求的,但最终是属什么性质的问题?主要核心又是什么?这些,领队必须要花力气去搞懂弄通,如果自己没搞清楚投诉的问题和实质,那么下一步的处理建议和意见又该从何而来呢?处理投诉的关键是在于搞清问题的实质,主要矛盾抓住了,其他问题就迎刃而解了。比如,游客提出投诉住宿问题,那么宾馆到底是什么问题,是宾馆不达标还是房间脏、乱、差,是服务员的态度不好还是菜肴不佳等。弄清了这些问题,解决的方法就自然出现了。宾馆不达标,请有关部门出示有关材料证明宾馆等级;房间不够卫生,请宾馆领导速派人清理打扫;服务员态度不好,赶紧换人;菜肴不佳,及时调整。当然,领队有权促使宾馆领导出面,除向游客赔礼道歉外,还应该适当补偿游客的一些实际损失。

此外,为了把工作做得更细些,领队可将所记录的投诉内容与游客核对一次,特别要把投诉的核心和要求讲清楚。

4. 分析游客投诉的性质

领队对游客投诉的性质一定要搞清楚,这为"谁接待、谁负责"打下处理投诉的基础。在分析游客投诉的性质时,一是分析投诉的事实是否确实,二是分析其核心问题性质的轻重程度,三是分析解决投诉的初步方案,四是选择最佳解决办法等。值得注意的是,领队千万不要轻易对解决问题的方案表态,即使是旅行社的责任,也得向旅行社汇报,得到旅行社同意后方可宣布。此时,领队的基本态度是十分关键的,他既是游客、旅行社和各旅游接待部门三者之间的协调者,又是这三者利益的维护者,更是确保旅游顺利进行的保证者。因此,"实事求是,妥善解决"的指导思想显得尤其重要。这时,领队可以这么说,"给我一点时间让我好好想想"(此举是为了缓和紧张气氛,争取时间做好调查研究);"让我了解一些情况"(此举是为了与被投诉单位取得联系,达成共识);"让我和有关部门联系一下"(此举是为了避开游客单独和有关部门联系,因为商量过程不宜让游客知道)。总之,领队要注意方法方式,切实做到有理、有利、有节、有步骤地处理投诉问题。

当然,作为投诉的游客从内心希望尽快解决问题,同时也想在最短的时间里得到答案,这自然和领队暂不表态的做法产生矛盾,为了使这种矛盾降到最低限度,答应给游客答复的时间要有一个期限,说话要算数,千万不可失去信用,即使一时解决不了的问题,也要及时通知游客。

5.向游客转达答复的方法

给游客答复在某种意义上说是一个经过协商而产生的成熟的结论。作为领队首先要考虑该答复游客是否接受,要充分做好两手准备,这是因为游客投诉并不一定是正确的,或者是游客提出过高过多不合理的要求等。比如,有些游客抓住宾馆服务不规范以及出现某些缺陷时,就投诉宾馆有"欺诈"行为,硬要宾馆补偿经济损失。作为宾馆,在努力改进工作的同时,自然会给游客一个说明该宾馆属什么星级的答复。

向游客转达答复的方法有以下几种。一是由自己直接向游客表达。这种方法必须是在答复单位同意游客要求的前提下方可宣布。如果双方立场有一定差距,就事先要做些解释工作,并且争取游客的理解与支持,然后再转达答复内容。二是请答复单位出面协调解决。这在双方立场距离相差甚远的情况下可以采用。三是有领队参加的双方协商交谈会。必须说明的是:此时双方才是主角,领队应该持促使谈判成功的调解和中间立场,不应有意无意偏袒任何一方,更不应随意定论,要劝告双方都做出合理的让步。领队不可将答复内容轻易由第三者或其他没关系的游客转达,以免误传信息和产生不必要的麻烦。

(二)口头投诉的处理步骤

对于旅游者的口头投诉,领队处理问题的具体步骤有以下几点。

(1)重视旅游者的投诉,主动与游客进行沟通。

(2)认真倾听投诉者的意见,无论有无道理,均应让游客把话说完,切不可立即辩解,更不可马上否定。

(3)立即向旅行社及有关部门汇报,认真调查,客观分析,力求做出正确判断。

(4)核实情况后,应向投诉者做实事求是的说明或诚恳的赔礼道歉,并迅速采取措施进行补救。

(5)对旅游者做好说服、调解工作,以免事态扩大。

(6)妥善处理后,应向游客表示感谢,并继续为其提供热情周到的服务。

(四) 确认回程机票

出境旅游团在出发之前必须落实所有航班(包括返程航班),团队所有成员的机票都由计调落实,由计调把电子客票行程单打印出来交给出境领队,如图6-2所示。

图 6-2 机票预订单

领队在带领旅游团出发前都会拿到团队计划，除需要核对所有人包括自己的签证信息外，还需要核对电子客票行程单上面的所有航班班次、起飞时间和日期、游客及自己的姓名英文是否与护照上完全一致、全部人是否都在客票上。

如果没有返程航班信息，出境时，航空公司不一定会给办理登机手续，中国边检有权拒绝旅行出境。即使航空公司给办理登机手续、中国边检放行通过，抵达目的地国家之后，目的地国家的移民局也有权拒绝入境，因为没有返程航班信息，有可能导致恶意逗留甚至失踪。有些国家，如果没有提前做好签证，需要航班抵达目的国之后办理落地签，那么就一定要出示返程航班机票信息、下榻酒店的订单，否则，目的国移民局会直接遣返。

(五) 请游客填写并回收旅游服务质量评价表

领队在全部行程结束时，要请游客填写"旅游服务质量评价表"（见表 6-3），内容包括：当地酒店的名称、星级、下榻日期、设施、周边环境等评价，对地陪导游、司机、购物店的评价，团队出现意外情况是如何处理的，结果又如何等，都要写进去，将此表收齐后交给组团社。

表 6-3　湖南省旅游团队服务质量调查表

尊敬的游客：

　　为了保障您的合法权益，监督我省旅游企业的服务质量，请您如实、完整填写此表，以便我们就旅游服务质量对您进行回访，您的宝贵意见将作为我们认定旅游服务质量、划分游客与旅行社责任以及考核旅游企业的重要依据。谢谢您对我们工作的大力支持！

湖南省旅游局

旅行社（接待社）：　　　　　　　　　　旅行社（组团社）：
全陪（领队）导游姓名：　　　　　　　　地陪导游姓名：
团号：　　　　　　　　　　　　　　　　人数：
游客姓名：　　　　　　　　　　　　　　联系电话：
通信地址：　　　　　　　　　　　　　　填写时间：

项　目	很满意	满意	一般	不满意	其他意见与建议
行程安排					
住宿安排					
餐饮安排					
交通安排					
购物安排					
娱乐安排					
安全保障					
价格质量相符					
全陪（领队）导游业务技能					
全陪（领队）导游服务态度					
地陪导游业务技能					
地陪导游服务态度					
导游是否存在下列行为	是		否		
擅自增、减旅游项目					
欺骗、胁迫游客消费					
讲解质量差或不讲解					
明示或者暗示索要小费					
未按规定时间到岗					
导游无故不随团活动					
导游未佩戴导游证					

(六) 填写领队日志

领队要养成良好的记工作日志的习惯,也就是记录每天的工作情况。不论当天的行程有多紧、身体有多劳累,也要将每天的最后一项工作——填写领队日志完成后才能休息。领队日志记录的内容包括对每天接待和经历的接待社导游、交通工具、酒店、用餐、游览景点等的简要记录和评价。

项目七
他国(地区)离境及隔离区服务

◇ 知识目标

1. 掌握服务流程及标准。
2. 了解不同国际航班的行李托运标准。
3. 掌握退税办理及提取的相关程序。

◇ 能力目标

1. 能完成从他国离境的具体细节及服务流程。
2. 能看懂国际机场英文指示。
3. 明确退税要求并掌握海关退税的办理及提取方法。

◇ 素质目标

1. 培养学生标准意识。
2. 培养学生沟通技能。
3. 提高学生服务能力。

工作任务一 办理乘机手续

 任务导入

领队小林带团从德国法兰克福机场乘南航班机离境回国。在机场,小林需要做些什么工作？在办理托运时，旁边一位同航班的游客因携带太多行李已经超出了航空公司的限额，于是找到小林，希望能把多出的行李放在小林团中行李较少的一名游客的名下托运，并愿意为此付出一定费用。对此情况小林应该怎么做？

> **任务解析**

小林带团抵达国际机场之前的行程途中，服务就已经开始了。

(1)因为离境时游客通常需要提前3小时到机场。在机场路上，小林可以提前将全团的护照收齐，并按照当时出境时的编号，按顺序放好，以方便到时引导游客在柜台前兑换登机牌和完成行李托运。

(2)抵达机场后，小林虽已提前了解到南航国际航班托运行李及携带行李的标准和规格(在带团出国前就已经明确)，但应再次提醒游客不要有不允许托运或不允许携带的物品，同时切勿超重，避免不必要的损失。

(3)小林协助游客办理行李托运和换登机牌，也可由小林统一办理。但办理完成后，要及时将证件和机票发放给游客，并为游客讲解机票信息，确认具体集体等候时间和乘机时间，当游客免税店购物完，统一集合。

(4)如有需要，小林应为游客购买离境机场税。

(5)对于有其他旅客希望把超出重量的行李放在小林团队中办理托运，小林应该婉言拒绝，并告知团队成员，不要帮助陌生人托运或携带任何行李。

> **相关知识**

抵达机场后，具体的乘机手续办理包括行李托运、换登机牌、返还给游客证件、给游客发放机票。若有需要，应购买离境机场税。

一 部分民航国际航班的行李托运携带规定

(一)计件免费行李

按游客所购票价等级，所交运的免费行李额为：

(1)头等舱或商务舱，免费交运行李为2件，每件最大体积(三边之和)不得超过62英寸(158厘米)，大约为28寸的行李箱，重量不超过32千克。

(2)经济舱或折扣票价，免费交运行李为2件，每件最大体积(三边之和)不得超过62英寸(158厘米)，大约为28寸的行李箱，重量不超过23千克。

(3)按成人票价10%付费的婴儿,可免费交运行李为1件,最大体积(三边之和)不得超过45英寸(115厘米),大约为21寸的行李箱,重量不超过23千克,另外,还可免费交运全折叠式或轻便婴儿车或婴儿手推车一辆。

所有超过规定的件数及超过规定的最大体积的行李,应交付逾重行李费。

(二)随身携带物品

除计重计件免费交运的行李额外,游客还可免费随身携带一些小件物品,一般总重量不超过5千克,但实际情况下,可以适当放宽限制额度。实际操作中,游客随身携带的物品,以能放入座位上的行李舱或座位下的空位为准,如果游客的行李和这些要求不符,那么为了保证机舱正常的活动和安全,工作人员有权禁止游客将这些行李带入机舱。另外,充电宝或电池等,应随身携带,而不应让游客放入托运行李箱中。

需要注意的是,不准作为行李运输的物品有:易燃、易爆、腐蚀、有毒、放射性物品,可聚合物质,磁性物质及其他危险物品;违反国家法律、政府明令禁止出境、入境或过境的物品及限制性物品;武器或凶器、利器等;超过规定的纸币金额、货币、珠宝、金银制品、票证、有价证券和其他贵重物品。

小资料

1. 部分航空公司标识

(德国)汉莎航空

(法国)法国航空

(英国)英国航空

(英国)维京航空

(意大利)意大利航空

(西班牙)西班牙航空

(美国)美利坚航空

(美国)德尔塔航空

(美国)西北航空

(美国)联合航空

(美国)大陆航空

(美国)西南航空

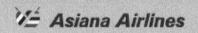

(美国)合众国航空

(加拿大)加拿大航空

(澳大利亚)昆达士航空

(韩国)大韩航空

(韩国)韩亚航空

(新加坡)新加坡航空

(瑞士)瑞士航空

(中国香港)国泰航空

（中国）东方航空

（中国）南方航空

（中国台湾）长荣航空

（中国台湾）中华航空

（泰国）泰国航空

（日本）全日空

（日本）日本航空

航空公司以及航行线路不同，行李托运的规格和要求也有差别，甚至每年也会有部分更新。因此，作为一名合格的领队，应该在得到任务后，查看相关信息，得到最确切的一手资料，为游客服务周全，以确保行程的顺利。

2. 部分航空公司的具体行李托运携带规定

各家航空公司对乘客行李托运携带的规定不一定相同，领队需要对所乘坐的航空公司的具体规定有所了解。部分航空公司的一些规定如下：

（1）南方航空

持中国南方航空头等舱客票的旅客，每人可随身携带两件物品，重量不得超过5千克；持公务舱、明珠经济舱、经济舱客票的旅客，每人只能随身携带1件物品，每件随身携带物品的体积不得超过20×40×55厘米，重量不得超过5千克；持婴儿票的乘客，给予10千克的免费行李额，同时允许免费运输1辆可折叠式婴儿车，并在客舱内指定的存储空间存放，尺寸不够时也只能作为托运行李免费运输；婴儿食品和用品也可以随身携带，但登机时有必要向安全检查人员出示和说明。超过上述重量、件数或体积限制的随身携带物品，应作为托运行李托运。

托运行李规定：头等舱乘客可免费托运3件行李，每件不超过32千克，行李箱三边之和小于等于158厘米；公务舱可免费托运2件行李，每件不超过32千克，行李箱三边之和小于等于158厘米;明珠经济舱和经济舱均可免费托运2件行李,每件不超过23千克,行李箱三边之和小于等于158厘米。涉及欧洲航线的,经济舱可免费携带1件行李,不超过23千克;涉及美国航线的,每件托运行李的最大重量不得超过45千克,每件三边之和不超过158厘米;不涉及美国航线的,每件托运行李最大重量不得超过32千克,每件三边之和不得超过158厘米。

(2)汉莎航空

德国汉莎航空国际航班及奥地利航空均实行计件制,头等舱和商务舱的游客可携带2件免费行李,经济舱游客可携带1件,每件行李重量不得超过8千克,尺寸不得超过55/40/20厘米,最大旅行袋折叠尺寸为57/54/15厘米。

托运行李规定,头等舱乘客可免费托运3件行李物品,每件重量不超过32千克;头等舱游客可免费托运2件物品,每件重量不超过32千克;经济舱游客可免费托运1件行李,每件重量不超过23千克。

(3)维京航空

乘坐英国维京航空的头等舱乘客:跨越大西洋/拉各斯的乘客免费托运行李为3件,三边之和不得超过158厘米,重量不得超过40千克;飞往南部非洲、东京、德里以及我国香港和上海的乘客免费托运行李为3件,重量不得超过30千克,可随身携带行李2件,重量不超过16千克。经济舱的乘客:跨越大西洋/拉各斯的乘客免费托运行李为2件,重量不得超过32千克;飞往南部非洲、东京、德里以及我国香港和上海的乘客免费托运行李为3件,重量不得超过20千克,只允许携带1件随身行李,重量不得超过6千克。

(4)联合航空

乘坐美国联合航空往返美国及加拿大等其他目的地的乘客,每人可免费托运2件行李,加1件随身携带行李。每件托运行李不超过32千克,三边之和不超过158厘米;随身行李每件不超过23千克,三边之和不超过115厘米。

(5)西北航空

乘坐美国西北航空往返美国及塞班岛的乘客,每人可免费托运2件行李,加1件随身行李,每件托运行李不超过32千克,三边之和不超过158厘米;往返亚洲的国际航班,允许携带1件随身行李,重量不超过18千克,三边之和不超过115厘米;头等舱乘客可免费托运行李重量为40千克,环宇商务舱为30千克,经济舱不超过20千克。

(6)港龙航空

港龙航空国际航班的免费托运行李规定:往返美国、加拿大的乘客免费托运额为2件,每件行李重量不得超过32千克;其他航线的头等舱乘客不得超过40千克,公务舱不超过30千克,经济舱不超过20千克。可随身携带行李1件,三边之和不得超过56/36/23厘米,重量不超过5千克。

(7)马来西亚航空

乘坐马来西亚航空的头等舱乘客可免费托运行李2件,重量不超过50千克,三边之和不超过158厘米;商务舱乘客可免费托运行李2件,重量不超过40千克,三边之和不超过158厘米;经济舱乘客可免费托运行李2件,重量不超过30千克,三边之和不超过158厘米;持婴儿票的乘客给予1件不超过10千克的免费行李额,三边之和不超过115厘米。

二、领队协助游客办理乘机手续及托运行李

领队带团乘坐飞机办理手续时,应对游客提供相应的服务。例如,提前告知游客当日所乘坐的航空公司关于行李携带及托运的规定。在办理乘机手续前,领队应再一次提醒托运行李和随身携带的物品中有可能出现的问题,比如,刀具等危险物品不应放在随身携带行李中,贵重物品应随身携带,不要托运。

另外,如果有些乘客的行李箱超过免费托运标准,而有些乘客行李箱尚未满额,可让他们进行合并托运,互帮互助,省钱省力。在实际操作中,周全的服务,是提高游客满意度的法宝。

三、领队兑换登机牌

领队带团抵达机场后,可直接统一为游客办理行李托运和登机牌兑换,办理完后,领队不应急于离开柜台,而要当面清点护照、机票、登机牌和行李牌。

但在实际工作中,因为人多或者有些游客的行李超过可免费携带的额度,为方便领队及时处理特殊情况,最好让游客按照护照顺序排好队,领队站到柜台一侧,向柜台一一交付游客证件,协助游客把行李托运完成,并统一拿好机票和行李票据。在这个过程中,如果有游客希望调换座位,领队也可以先兑换好登机牌后,告知游客上飞机后自行调整,免去在机场讨论的麻烦。

四、领队将证件、机票发放给游客

向大家介绍要办理的离境手续,对于禁止出境和中国入境的物品,要再次提醒游客注意;讲解机票、登机牌上的信息,如航班号、登机时间、登机闸门等(有时最后时刻登机闸门会有所改变,领队应及时提醒游客注意),希望游客在机场出境手续办完自由购物时,掌握好时间,以免误机;其他重要的提醒,比如,不要给其他不认识的游客携带物品等。

五、购买离境机场税

大多数情况下,机场税已包含在机票中,不可向游客再行收取,通常机场税应由境外接

待社支付。但个别国家有特殊情况,比如,泰国需要在乘机前机场直接购买。领队应该对此有所准备,不要忽略此项服务。

> **小资料**

国际机场出境常用指示牌用语

1. 国际机场出境流程中常用语

办理乘机手续——check in

行李托运——luggage delivery

换登机牌——getting boarding card

检验检疫检查——quarantine

海关申报与海关检查——customs

边防检查——immigration

安全检查——security check

进入候机区域登机——waiting and boarding

2. 国际机场部分中英文指示牌用语

餐厅——restaurant　　　　　点心店——coffee shop

快餐——fast food　　　　　　问询处——information

洗手间——restroom　　　　　哺乳室——nursery

育婴室——play room　　　　　电梯——elevator

手扶电梯——escalator　　　　手提行李寄存——baggage storage

投币寄存柜——coin lockers　　行李问询处——baggage enquiry desk

吸烟处——smoking room　　　租车服务——rent a car

出租车乘车处——taxi stop　　　公交车乘车处——bus stop

电车乘车处——electric cart stop　停车场——parking

地铁——subway/metro　　　　酒店——airport hotel

免税店——duty free shop　　　商务中心——business center

贵宾室——VIP lounge　　　　　办理转乘手续——transfer counter

任务拓展

(1) 北京某旅行社以商务考察的名义组织了一个24人的旅游团到非洲旅游,回国时从欧洲转机。游客不仅感受到了非洲美丽的景色,古老的文化和奇异的民族风情,也被各式各样的旅游纪念品尤其是象牙制品所陶醉,游客大多对之有强烈的购买欲望。在购买前,客人纷纷向领队小沈询问是否能顺利带回国。那么,作为一名新手领队,面对这种情况,小沈该如何处理呢?

(2) 湖南某旅行社领队小钟带团抵达德国慕尼黑国际机场后,有游客突然提出行李也许超重,并且有不少游客需要办理退税手续,小钟这时应该如何处理呢?

工作任务二 确认海关退税

任务导入

××旅行社领队小李带游客从泰国返回长沙,游客在境外游玩期间,购买了不少物品,那么小李应该如何引导游客购买呢?抵达机场后,又如何进行相关的服务呢?

任务解析

(1) 游客在境外所购买的物品中,包含了已交纳的间接税,只要游客的购买符合当地退税的基本条件和规定,都有义务享受这部分的税金返还,小李应引导并告知游客,帮助游客开具相关退税单。

(2) 退税单的开具分为直接退还现金,或当游客回国后打回银行卡或信用卡中,领队小李应引导游客在退税单据上填好相关信息,抵达机场后,将退税单交给海关盖章,协助游客提取可退还的金额。

(3) 应注意的是,根据游客要退税的物品,退税步骤有些许区别,领队小李要熟悉办理退税的程序,并在机场协助游客完成。

相关知识

购物退税是指将外国旅游者在旅游目的地国购买的商品价格中所含在该国生产和流通过程中已经交纳的间接税(在我国主要是增值税和消费税)退还给旅游者的政府行为。购物退税始兴于欧洲,目前已发展至包括日本、韩国、新加坡等国在内的50余个国家,在各国贸易发展过程中已形成一项重要的国际惯例。

一 退税的基本条件

虽然购物退税的条件具体在不同国家是不尽相同的,但是退税的条件都存在一定的共性。

(1)购买者非本国公民。

(2)商品的用途是自用或者是家庭用。

(3)消费的金额达到购物退税点(不同的国家要达到退税的税点不同,领队需要熟知)。

(4)商品在购买后在各国规定的时间内离境,一般为1~3个月。

(5)商品不在规定的"不能申请退税项目内",例如,在免税店购买的烟、酒,在餐饮、住宿、干洗衣物、停车、交通运输等项目上的花费。

(6)正确办理退税手续。

(7)符合各个国家设定的特定退税要求。

二 境外退税步骤

(一)各国退税规定

一般来说,各国的退税要求存在以上提到的共性。比如,退税的比例依据多买多退的原则从11%到14%不等;又如,食品一般不退税,欧洲一些廉价超市也不退税(即使退税,步骤也较为繁杂)。但是,达到可以退税的数额各个国家也有不同的规定,例如,法国的退税额为125欧元,比利时的退税额为125欧元,德国的退税额为25欧元或者75欧元,奥地利的退税额为75欧元,瑞士的退税额为179欧元。

(二)退税发票的开具

一般情况下,在境外购物超过当地可退税的金额,退税发票必须到商店的总服务台开具,导游带领的免税店手续简化,可以直接在收银台开。开退税发票时,要出具护照和收据。但由于近几年中国购买力强大,退税也成为一种大家普遍知晓步骤,很多商店在开退税发票时,常常简化这一步骤,只要购买的物品符合要求,就直接为客人开出。

退税发票一般分为两种情况:第一种是现金退税;第二种是银行支票和信用卡划账。

另外,不同国家也会有不同所属公司的退税票据,退税方式会有差别。是信用卡退还还是现金退还,在服务台开发票时,店员也会详细告知。

在海关,发票必须和收据一起作为退税凭证,缺一不可。

通常情况下,除了超市商店都可以刷卡,并且商品标价中都已包含5%的信用卡转账手续费,不需要额外支付费用,携带国际信用卡是比较安全和方便的方式。

导游带领的免税店物价跟平常商店相差不大,个别商店如果支付现金,商店会以打折的方式将5%的手续费让利给顾客。

(三)退税步骤及类型

游客抵达国际机场,首先要拿着装有需要退税物品的行李箱,在机场退税区的柜台通过海关盖章,欧洲很多国际机场都专门开设了这样的区域,方便需退税的游客排队办理;盖完章后,办理完行李托运及换登机牌等,入登机口退税处领钱即可。退税的类型主要有以下四种。

1. 直接退税

直接退税,即在购物店直接退款。例如,在德国、瑞士、意大利、荷兰以及巴黎的一些购物店或者廉价超市,将退税发票在海关盖章后寄回购物店,店内直接退现金或打回银行卡上。

2. 海关退税

欧洲海关盖完章后,海关退税的取款可在欧洲出境海关或者中国国内。我国的北京、上海广州等城市的机场有欧洲退税公司设立的退税柜台。

3. 托运退税

刀具等金属器具及其他物品,不可随身携带,将所需退税的物品放在行李箱中,在换登机牌时随行李托运。退税的办理步骤是必须在进入关口前携装着需退税物品的行李箱到海关接受检查后在退税单上盖章,携退税单在机场银行或者出境海关的退税柜台退回税金。可由导游协助办理。

4. 手提退税:名表、钻石等贵重物品

手提退税必须在更换登机牌进入关口后进行,携物品在关口内的机场海关接受检查、盖章,在关口内的银行退回税金。通常海关和银行相邻。

随着旅游业的不断发展,游客购买力的增强,退税金额的增长,大部分情况,游客均可从出境海关的退税窗口获得退还的现金,少部分情况,会在接下来的几周内,打回银行卡中。

任务拓展

××旅行社领队小张带团从法兰克福机场乘坐南航航班回国,有不少团内游客买了需要退税的物品,而机场负责退税单盖章的海关柜台队伍很长,有游客恳求小张帮忙排队盖章,小张应该如何应对?也有游客要求小张来办理行李托运,他应该如何处理较为妥当?

项目八
中国入境服务

◇ **知识目标**

1. 掌握团队回国入境流程。
2. 熟悉中国入境海关相关规定。

◇ **能力目标**

1. 能及时有效地处理突发状况。
2. 能总结分析,提升个人工作能力。

◇ **素质目标**

1. 培养学生的应变能力和处事能力。
2. 培养学生自我分析和自我提升的能力。

工作任务一　　通过卫生检疫及边防检查

 任务导入

飞机即将落地,小敏看着熟悉的长沙黄花国际机场,自有一份亲切感,为期7天的海外工作之旅在今天即将告一段落,想着随之而来的休息,小敏内心欢呼雀跃着。下飞机后,小敏集合游客,提醒大家带好随身物品,带领着游客快速通过了检疫柜台,并提醒团队游客准备好各自护照,准备入境。

请问:小敏下飞机后,需要通过哪些检查方可入境?

任务解析

(1)团队回国意味着工作即将结束,团队成员都比较兴奋,领队也会有所放松,但是这个时候领队也不能大意,还有一系列的工作需要完成,主要包括通过卫生检疫、通过边防检查、领取行李、通过海关、送团等服务。

(2)小敏下飞机后集合团队需要通过2个关口方能入境中国,首先需要通过卫生检验检疫,然后需要通过中国边防检查。

(3)通过卫生检验检疫比较简单,一般带领团队穿过红外线测温仪即可,边防检查相对而言比较复杂,需要提交护照查验,而且大多数时候需要排队等候。

(4)通过边防检查之后算是入境中国,但是工作并没有完成,还需要带领游客领取托运行李,接受海关查验,全部关口通过之后,方能送团和安排游客返程。

相关知识

一 接受检验检疫

1.国家有关卫生检疫的法规

中国边防口岸的卫生检疫机构是依照《中华人民共和国国境卫生检疫法》为法律依据设立的。目的在该法的第1条就已经阐明,是为了防止传染病由国外传入或者由国内传出,保护人体健康。我国所列的传染病,包括鼠疫、霍乱、黄热病以及国务院确定和公布的其他传染病。

为防止传染病由国外传入国内,卫生检疫机关将开展入境检查,对象包括:入境人员、入境人员的交通工具、运输设备,可能传染的行李、货物、邮包等等。

2.《入境健康检疫申明卡》的相关规定

《中华人民共和国国境卫生检疫法》第16条规定:国境卫生检疫机关有权要求入境、出境的人员填写健康申明卡,出示某种传染病的预防接种证书、健康证明书或者其他有关文件。《出入境健康检疫申明卡》的内容包括以下几项。

(1)对于精神病、麻风病、艾滋病、性病、开放性肺结核的外国人阻止其入境。

(2)对在入境时发现的患有发热、咳嗽、腹泻、呕吐等症状或其他一般性疾病患者,进行医学观察和流行病学调查、采样、实施快速诊断,区别情况、隔离、留验或发就诊方便卡,采取其他预防、控制措施。

(3)对来自黄热病疫区的人员，查验黄热病预防接种证书。对于无证者或无效证件者，应当现场予以黄热病预防接种并发证书。

(4)检疫传染病的监测：发现鼠疫、霍乱、黄热病染疫者，必须立即隔离检疫。对染疫嫌疑人应按潜伏期实施留验；对染疫人、染疫嫌疑人的行李、物品，实施卫生处理。

(5)对在国外居住三个月以上的中国籍人员(海员、劳务等重点人群)实施艾滋病和性病监测。

在没有重大疫情的情况下，中国游客回国入境不必填写《入境健康检疫申明卡》。回国入境时只需要接受红外线测温仪检测即可，领队可以带领游客快速通过卫生检疫柜台和红外装置，如无特殊情况不需要停留。出现重大疫情时，例如“非典”期间，我国入境口岸会要求填写《入境健康检疫申明卡》，通过检疫柜台时，旅客需要出事申明卡并接受严格的健康查验和仔细的体温检测，如图 8-1 所示。

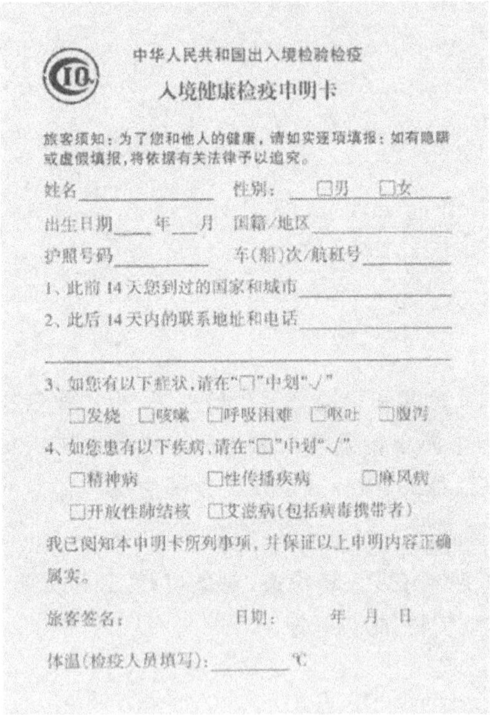

中华人民共和国出入境检验检疫

入境健康检疫申明卡

旅客须知：为了您和他人的健康，请如实逐项填报：如有隐瞒或虚假填报，将依据有关法律予以追究。

姓名________ 性别：□男 □女

出生日期____年____月 国籍/地区________

护照号码________ 车(船)次/航班号________

1、此前 14 天您到过的国家和城市________

2、此后 14 天内的联系地址和电话________

3、如您有以下症状，请在“□”中划“√”

□发烧 □咳嗽 □呼吸困难 □呕吐 □腹泻

4、如您患有以下疾病，请在“□”中划“√”

□精神病 □性传播疾病 □麻风病

□开放性肺结核 □艾滋病(包括病毒携带者)

我已阅知本申明卡所列事项，并保证以上申明内容正确属实。

旅客签名： 日期： 年 月 日

体温(检疫人员填写)：________℃

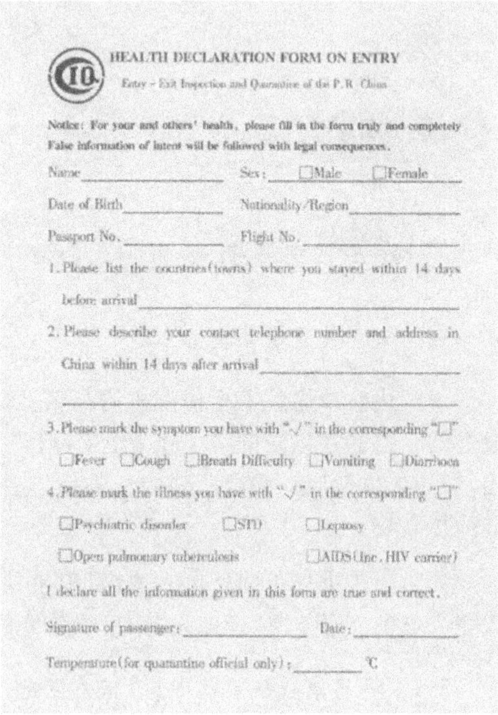

HEALTH DECLARATION FORM ON ENTRY

Entry - Exit Inspection and Quarantine of the P. R. China

Notice: For your and others' health, please fill in the form truly and completely. False information of intent will be followed with legal consequences.

Name________ Sex: □Male □Female

Date of Birth________ Nationality/Region________

Passport No.________ Flight No.________

1. Please list the countries(towns) where you stayed within 14 days before arrival________

2. Please describe your contact telephone number and address in China within 14 days after arrival________

3. Please mark the symptom you have with "√" in the corresponding "□"

□Fever □Cough □Breath Difficulty □Vomiting □Diarrhoea

4. Please mark the illness you have with "√" in the corresponding "□"

□Psychiatric disorder □STD □Leprosy

□Open pulmonary tuberculosis □AIDS(Inc. HIV carrier)

I declare all the information given in this form are true and correct.

Signature of passenger:________ Date:________

Temperature(for quarantine official only):________℃

图 8-1 入境健康检疫申明卡

3. 卫生检疫

需要接受卫生检疫时，乘务员会在返程的飞机上发放《入境健康检疫申明卡》，领队应当指导游客如实填写，申明卡用中文填写即可，由游客自己完成。游客在经过中国卫生检疫柜台时，领队需要提醒游客主动提交申明卡，短暂停留，接受检测。没有疫情的大部分情况下,如无特殊情况,领队可以直接带领团队快速通过。

回国时,个别游客会因为身体原因,出现高烧、呕吐等现象,通过卫生检疫柜台之时,体温检测不正常的游客一般需要接受进一步检查,以排除携带国外传染病毒入境的可能。此时,领队在获得检疫机关允许情况下首先需要安排其他游客继续通关,引领游客至边防检查柜台,告知通关注意事项,要求游客在行李领取处集合等待;其次,领队需要返回至卫生检疫机关,安抚被拦截游客情绪,询问检疫机关的处理措施,并帮助通知游客家人;最后,领队需要将该情况报告给旅行社,听从旅行社领导安排。如果检疫出现较为严重的情况时,领队需要保管好所有游客的联系方式,协助检疫机关后续工作。例如,游客从巴厘岛回来,因为水质蚊虫等原因,高烧很有可能是登革热等传染性疾病导致,游客需要隔离并进行进一步检查,领队必须密切关注检疫机关的通知。

二 接受入境边防检查

1. 入境边防检查

入境边防检查主要有两种方式:一种是通过自动识别通关系统,另一种是通过人工通道。

(1)通过自动识别通关系统的游客必须要持有第二代护照,该护照有电子识别功能,游客个人信息已经储存在资料库中,通过指纹识别和人脸识别审核游客身份,快速通关。

(2)人工通道适合老年人和持第一代护照的游客,领队需要带领游客在边检柜台前排队,接受边防检查站的入境检查。此时,游客需要提交个人护照进行查验,入境检查工作人员核准后在护照上加盖入境章,游客拿回护照完成边检手续方可入境。

回国入境游客一般只需要提交护照进行查验即可。比较特别的是,如果带领的团队游客中有外籍游客,一般该游客在中国工作,随同同事朋友外出旅行,再次入境回中国之时需要填写中国入境卡,领队需要提供翻译等帮助。

在入境边防检查时,倘若是 ADS 签证则要走团队通道,游客需要按照团队名单表排队通过边检,不过目前已经基本取消该规定。ADS(Approved Destination Status)签证的中文解释是"被批准的旅游目的地国家"。加注 ADS 签证后仅限于在被批准的旅游目的地国家一地旅游,此签证在目的地国家境内不可签转,不可延期。持有这种签证的人必须团进团出,简单说就是针对团队签证的特定签证,有效期和延迟期都比普通的个人签证和商务签证短,签证盖章时不会把章盖在你的护照上面,而是用另一张纸盖上你们整个团队的签证章,团进团出,所以又叫另纸签证。另纸签证必须和护照同时使用,才能有效地达到入境、出境的目的。对持有 ADS 签证的团队,领队会持有专门的团队名单表,如图 8-2 所示,名单表需要加盖组团社公章,旅游行政管理部门公章方可生效。名单表一式四联,分别为边防检查站出境验收联、边防检查站入境验收联、旅游行政管理部门留存联、组团社留存联。在入境之时,领队应要求团队按照名单表上顺序排队,逐一通过边检,所有团队成员全部过完之后,边检工作人员会在团队名单表上盖章,并取走入境联,领队收回剩下的2联,带领团队通关。

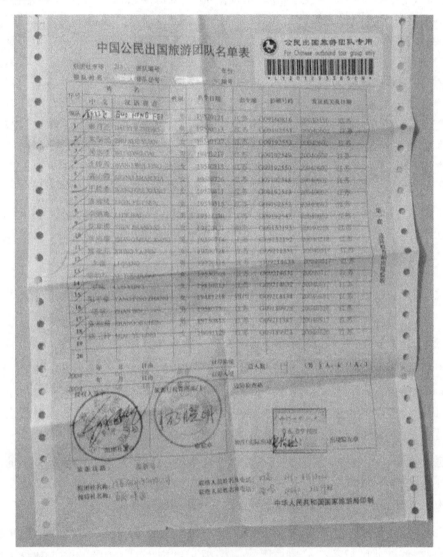

图 8-2 另纸团队签证名单表

2.特殊情况处理

尽管是回国,也有可能遭遇禁止入境。我国法律规定的被禁止入境人员的情况主要有以下几种:

(1)入境后可能危害中国的国家安全、社会秩序者。

(2)持伪造涂改或他人护照证件者。

(3)未持有效护照、签证者。

(4)患有精神病、麻风病、艾滋病、性病等传染病患病者。

(5)不能保障在中国期间所需费用者。

另外,在旅游团里容易出现的情况主要是护照污损、失效等情况,领队需要听取边检意见,按照要求协助游客办理相关手续。

任务拓展

小敏带领一个考察团进行了为期6天的海外之旅,团队成员均为一家公司的高管,其中有2位公司聘请的高级职业经理人是外宾,一位来自印尼,另一位来自美国,他们分别在中国工作了10年和5年。今天,团队顺利完成行程返回中国,如果你是小敏,在入境中国之时应该注意什么?应该带领团队完成哪些入境手续?

工作任务二 领取托运行李

任务导入

小敏的团队顺利入境,小敏快速找到了自己乘坐航班的行李转盘,请问小敏要如何确保每位游客能够正确、快速地领到自己托运的行李?

任务解析

通过边防检查之后,团队入境中国。小敏应该查找行李厅的电子指示牌,迅速找到自己乘坐的航班行李运送带,并将行李转盘号码告知游客,自己则站在显眼位置组织已经通过边防检查的游客前往领取自己的托运行李。领队要特别关注老人和第一次出国旅游的游客,防止出现未领取托运行李就通关离开隔离区的情况。

小敏在确保每位游客拿到行李后,一定要提醒游客各自清点检查,不要错拿他人行李,确认行李完好无损。此时,团队比较松散,特别是散客拼团,游客拿到自己的行李后一般就地解散,后期发现问题处理起来比较麻烦。领队需要提醒游客在走出隔离区之前确认行李没有问题,方可带领大家离开。

相关知识

一、领取托运行李

完成入境边防检查后,进入中国境内。领队及游客首先应该认真查阅行李厅电子指示牌，确认所乘坐航班行李转盘的编号，然后前往领取自己的托运行李。领取行李之时需要仔细确认和检查，不要错拿、遗漏。团队旅游因为行程一致，购买东西一样，容易出现相似的纸箱，游客容易错拿，领队需要提醒游客检查拿取的行李是否是本人所有，清点所有物品是否齐全。提醒游客不要代拿，如若代拿一定通知行李主人本人。

二 行李遗失的处理

行李遗失在旅游中常见，领队需要掌握行李遗失的处理方法。首先，协助游客仔细查找，航空公司拖运的大件行李都是在转盘上拿取，由于数量多，很可能有拿错或被盗、转机时行李不见了的情形，发现找不到行李时，提醒游客不要慌乱，看看四周有没有类似的行李箱被误拿。其次，行李确认遗失后，领队应协助游客进行失物登记。领队要提醒游客找到行李牌及机票，带领其到机场的行李查询台咨询及申报。该服务台一般设在海关大厅，靠近行李认领区。领队要协助工作人员填写《行李运输事故登记单》。最后，协助游客索取赔偿。根据国际航空协会规定的"终站赔偿法则"，多次转机的旅客，由搭乘终站的航空公司负责理赔。这类赔偿，通常会在行李超过21天仍未找回后进行。

关于赔偿的额度，每家航空公司处理问理的标准不尽相同，赔偿的金额也根据舱位不同而有差异。若之后找到行李，任何一家航空公司都会派人亲自送到旅客下榻的地点或者指定的地点。在行李送回之前，一般航空公司将馈赠日用品代购金以表歉意。

三 行李损坏的处理

发现行李损坏，领队提醒游客找到行李牌及机票，带领其到机场的行李查询台索取赔偿。首先是看物品是否可以维修。例如，日本航空公司会把破损的箱子送回原品牌店修理，碰到有些客人是在日本购买的，会把箱子送到日本修理，这样前后修理的时间将长达两周，维修费由航空公司全额承担。机场工作人员会在乘客托运行李的时候，仔细检查行李的破损情况并予以记录。为了解决旅客没有行李箱的不便，航空公司都会预先准备好不同尺寸的替代箱供旅客临时使用，待行李箱修好了再上门收取。另外，要求现金补偿。如果旅客认为维修时间过长也可要求现金赔偿。

任务拓展

小敏带领团队在行李转盘处等候出行李，这时候团里一位老人家打电话说找不到小敏，不知道哪里可以拿行李，询问之下发现该团友通过边防检查之后径直通过海关机检，已经到了机场到达大厅，可是他的托运行李还没有领取，如果你是小敏，你该如何处理这个问题？

工作任务三　接受海关查验

任务导入

小敏带领所有游客领取到了托运行李,检查确认无误之后,性急的团友就开始和小敏告别,谢谢小敏的一路关照,并急匆匆地准备离开。请问,团队的所有通关手续完成了吗?

任务解析

小敏团队通关手续并没有全部完成,按照海关相关规定,游客入境中国,所有物品需要接受海关查验。因此,游客领取到行李之后还需要通过中国海关的机器查验。

游客的所有行李在通过海关查验之后,所有的通关手续才算完成,小敏需要带领团队快速离开,禁止团队成员在附近逗留,告知需要等候家人朋友的游客可以在机场国际到达出口处等候。

相关知识

一　了解中国海关对入境物品的限制规定

领队带领团队入境,需要了解中国海关关于旅客行李物品入境的相关规定,并及时提醒游客,避免违法违规。

1. 中国海关规定禁止进境的物品

(1)各种武器、弹药、爆炸物;伪造货币、有价证券以及制造设备。

(2)对中国政治、经济、文化、道德有害的印刷品、胶卷、照片、录音带、录像带、CD、VCD、DVD及计算机存储介质等。

(3)烈性炸药。

(4)鸦片、吗啡、海洛因、大麻等能致人成瘾的麻醉品、迷幻药品、精神药品等。

(5)带有危险病菌、害虫,以及有害生物的动、植物及其产品。

(6)有碍人、畜、植物的,能导致船舶病虫害的水果、仪器、药品或其他物品。

2. 中国海关限制入境的部分物品

游客若在境外购买大件电器商品,携带入境时海关会依法收税。其他禁止入境、限制入境及需征税的物品规定如表 8-1 所示。

表 8-1　中国籍旅客带进物品限量表

类别	品　种	限　量
第一类物品	衣料、衣着、鞋、帽、工艺美术品和价值人民币 1000 元以下（含 1000 元）的其他生活用品	自用合理数量范围内免税，其中价值人民币 800 元以上，1000 元以下的物品每种限 1 件
第二类物品	烟草制品、酒精饮料	(1)香港、澳门地区居民及因私往来香港、澳门地区的内地居民，免税香烟 200 支，或雪茄 50 支，或烟丝 250 克；免税 12 度以上酒精饮料限 1 瓶（0.75 升以下）。 (2)其他旅客，免税香烟 400 支，或雪茄 100 支，或烟丝 500 克；免税 12 度以上酒精饮料限 2 瓶（1.5 升以下）
第三类物品	价值人民币 1000 元以上，5000 元以下（含 5000 元）的生活用品	(1)驻境外的外交机构人员、我出国留学人员和访问学者、赴外劳务人员和援外人员，连续在外每满 180 天（其中留学人员和访问学者物品验放时间从注册入学之日起算至毕业结业之日止），远洋船员在外每满 120 天任选其中 1 件免税。 (2)其他旅客每公历年度内入境可任选其中 1 件征税

注：①本表所称入境物品价值以海关审定的完税价格为准。
　　②超出本表所列最高限值的物品，另按有关规定办理。
　　③根据规定可免税带进的第三类物品，同一品种物品公历年度内不得重复。
　　④对不满 16 周岁者，海关只放行其旅途需用的第一类物品。
　　⑤本表不适用于短期内多次来往香港、澳门地区旅客和经常进出境人员以及边境地区居民。

领队需要特别提醒的是关于个人自用物品 5000 元人民币限额的规定，根据中国海关总署 2010 年第 54 号公告，进境居民旅客携带在境外获取的个人自用进境物品，总值在 5000 元人民币以内（含 5000 元）的，非居民旅客携带拟留在中国境内的个人自用进境物品，总值在 2000 元人民币以内（含 2000 元）的，海关予以免税放行，单一品种限自用，数量合理。海关对超出部分的个人进境自用物品征税，对不可分割的单件物品，全额征税。

中国游客出国旅游疯狂购物已经司空见惯，化妆品、手表、奢侈品等因为差价明显都是游客争相购买的对象，经常会出现超额现象。在境外旅游购物期间，领队应该适时提醒团队游客关于中国海关的相关规定，回国之前，需要再次提醒游客，以避免游客通过海关之时被征税。对于超过 5000 元人民币的手表、奢侈品等，领队应该清楚提示，因为物品不能分割，海关将全额征税。另外，领队还应该提醒游客购物时应该注意单一品种要数量合理，如口红等小物品。如若单个游客携带数量过多，虽然总额没有超过 5000 元人民币，亦会被收税，可以提醒游客如果是家庭出游，物品最好家庭成员分散保存。

3.中国海关允许入境但须申报检疫的物品

(1)种子、苗木及其他繁殖材料、烟叶、粮谷、豆类（入境前须事先办理检疫审批手续）。

(2)鲜花、切花、干花。

(3)植物性样品、展品、标本。

(4)干果、干菜、腌制蔬菜、冷冬菜。

(5)藤、柳、草、木制品。

(6)犬、猫等宠物(每人限带一只,须持有狂犬病免疫证书。)

(7)特需进口的人类血液及其制品、微生物、人体组织及生物制品。

针对以上物品,因为行程紧凑等原因,很多领队会直接告诉游客禁止携带。如无特殊情况,一般观光旅游团游客为避免麻烦会不予携带。若遇到特殊情况,游客坚持携带,领队应该告知海关规定,并协助其办理相关检疫手续。

二 游客自行接受海关检查

行李提取之后领队要带领团队游客通过海关,游客如有需要申报的物品,应持海关申报单(一般在入境飞机上填写好)主动向海关申报。如果没有物品需要申报,则可以推着行李到海关柜台前接受 X 光检测机检查,游客所有行李以及随身挎包都需要过机检查。出境时,游客申报过的旅行自用物品,复带入境时应出示出境时填写的申报单。

任务拓展

小敏带领团队从日本回来,团中有一位购物达人热衷于消费日货,虽然小敏反复提醒了中国海关相关规定,她仍然满满当当的带了 2 大行李箱的日货回国,其中尤以日妆为主。在行李过机检查时,因为携带物品过多,超出了免税额而被海关工作人员拦截,游客急得满头大汗,寻求小敏的帮助。如果你是小敏,你该如何处理?

工作任务四 欢送团队

任务导入

小敏的所有团友全部安全出关,一路上大家建立了深厚的感情,大家都和小敏依依惜别,感谢小敏一路上的照顾与服务,小敏也一一送别了所有的游客,在送团之时,小敏应该完成哪些工作呢?

任务解析

小敏带领的团队是在机场集散的,她带领大家安全出关之后团队可以就地解散。小敏需要与每位游客致谢道别,确保每个人安全出关。

在团队解散、送别游客之前,小敏要最后确认所有的代收款是否已经收齐,意见单等单据是否已经填好,自己保管的游客物品是否已经退还等。

小敏需要等候所有的游客全部离开后方可离开,在此过程中,她还需要帮助和指导游客搭乘公共交通、安排餐饮等。

相关知识

一 送团方式

1. 机场送团

出境团队大多是散客拼团,很多时候是在机场集散,领队带领的团队如果是在机场散团,需要在到达大厅等待每位游客安全出关,并一一惜别致谢,确保团友都已离开后方可离开。在需要的情况下,领队需要协助游客搭乘机场大巴、地铁等公共交通工具,并告知游客乘坐地点、买票方式等。

2. 市区送团

有些旅行社为了提升自己的服务质量,团队行程设计中包含了市区定点到机场的接送,这些团队是在市区散团的,领队需要带领游客乘坐旅游大巴离开机场。到达市区送团地点,领队要协助游客拿取自己的所有行李离开,一般中途不停车,领队要做好解释说明工作,提前告知市区送团地点、到达时间,方便游客安排返家交通。

二 致欢送词

领队送团时致欢送词代表着行程正式结束,也是领队对本次行程的简单总结与回顾,好的欢送词能够加深领队与游客的情感联系,提升服务品质。欢送词一般包含以下几个要素:一是感谢,感谢游客对工作的支持与配合,对自身的关心与关照;二是致歉,对工作中的疏忽和不周到表示歉意,争取游客的谅解,同时也给机会再次解释说明原因;三是惜别,回顾旅程,不舍离开;四是祝福,祝福游客。

对于机场送团的团队,领队没有时间也不方便召集游客集合并致欢送词,一般可以通过微信群或者朋友圈完成,可以是文字,也可以是语言,往往还能配上旅途中的照片,给游客留下美好的回忆。

任务拓展

小敏团队从美国回来,大家在一起待了 15 天,建立了深厚的感情,机场分别时依依不舍,小敏送走所有客人之后决定制作一个易企秀送给大家,纪念这段旅程。如果你是小敏,你会如何做呢?

项目九
相关后续服务

◇知识目标

1. 掌握团队报账的基本程序。
2. 掌握处理相关后续问题的主要内容。
3. 了解与游客保持联系的重要性和基本方法。

◇能力目标

1. 能独立完成团队报账操作。
2. 能通过处理相关后续问题总结提升领队技能。
3. 能与游客建立并保持良好的关系。

◇素质目标

1. 培养学生分析问题、解决问题的能力。
2. 培养学生的归纳总结,自我学习提升的能力。
3. 培养学生良好的旅游职业道德。

工作任务一　团队报账

 任务导入

领队小张刚刚结束尊享芽庄 5 天 4 晚游。第二天,她就到旅行社报账,她该做些什么呢?

任务解析

(1) 了解并确认团队报账的要求和程序。

(2) 准备好报账所需的物品和票据。

相关知识

一 及时报账

按照各旅行社的具体要求,领队应在团队结束后的规定时间范围内及时到旅行社财务部门进行结算。通常,各家旅行社规定的时效为一周,领队应照章执行。

二 报账流程

(一)填写报账明细单

领队要在旅行社的空白核算单上填写带团过程中的开支情况。

(1)团号:团号根据各旅行社规定填写。

(2)送团单位:送团单位务必标注清楚,如某些大型旅行社下属有多家子公司,在填写的时候就要标注清楚。

(3)线路:标注线路的全称。不要简写,以免与其他类似线路混淆。

例如,以巴厘岛为目的地,某一家旅行社就推出了三条价格不同的线路,尊享巴厘岛 5 晚 6 天、尊享巴厘岛 6 晚 7 天(升级版)和惠游巴厘岛 5 晚 6 天。这三条线路的时间长度和价格各有不同,一定要标注完整。

(4)实际人数。通常情况下,由于成人和儿童的团费报价不同,因此要分开标注。

(5)房费、餐费、门票、机车票、车费、路桥费、地接费、地陪导游费等。

在多数出境团队中,一般旅行社都是在出境目的地选择地方接待社来接待旅游团队,这种情况下,领队通常不需要现付房费、餐费、门票和境外产生的路桥费等费用。机车票,例如,机票、火车票、船票都是由组团社或地接社直接购买的,一般情况不必领队现付。车费,如接送机的车费和境内产生的路桥费是否由领队现付,还是旅行社与旅游车队直接结算。地接费和地陪导游费用一般是由组团社财务直接支付给地方接待社,只有在少数情况下才需要领队现付给地方接待社。

但也有一些实力较强的旅行社可以在境外目的地直接采购,不需要通过地方接待社。此时,领队扮演全陪兼地陪的角色。领队要将上述内容根据实际支付情况填写。

总之,上述费用,只有经领队支付的才可填入报账单。

(6)全陪补贴。旅行社的报账单一般为通用版本,未区分国内团队和出境团队。因此这里的全陪补贴可理解为领队补贴。按照各家旅行社的规定领取带团补助,写明:××元/天×天数。

(7)其他。这里填写一些非常规支出,比如线路中安排了有奖游戏,就需要注明奖励金额。如果是意外情况导致的开支,要详细注明增加费用的原因及处理过程。

(8)借支金额。在带团期间,领队需要支付一些现金钱款,还要随时准备应对突发状况,因此有时领队会在团队出发前向旅行社借款以备带团需要。领队在带团结束后报账时应该依照实际情况填写。

(二)粘贴票据

分类粘贴好所有的发票及签单凭证。

(三)OP 审核报账单

领队接团后会前往 OP 处领取团队计划,并与其沟通团队情况。因此,团队结束后,领队要将填好的报账单和整理粘贴好的票据交给派给自己团队计划的 OP,让其进行审核。

(四)交财务审核

OP 审核无误后,将所有表格票据交财务进一步审核。如果旅行社公司内部有管理系统,也应在系统内填写好报账信息。

(五)钱款结算

财务审核无误后,结算钱款。

(1)若领队借支的团款多于支出,则需要将剩余部分归还财务部门,领回借条。

(2)若领队借支的团款少于支出,或未借支团款,则在财务部门领回垫付钱款。需注意的是,领队在带团期间,垫付餐费、住宿费或其他费用需事先得到旅行社批准。报账明细单范例如表 9-1 所示。

表 9-1 报账明细单

团号		送团单位	
导游		联系电话(必填)	
线路			
实际人数	共 ,成人 ,小孩		

续表

项目	单项合计	单项明细(单位:元/人)
房费		
餐费		
门票		
地接费		
机车票		
车费		
路桥费		
地陪导游		
全陪导游		
杂费		
其他		
总支出		
借支金额		
现收团款		
应交财务		

审核: 　　　　计调员: 　　　　日期: 　年　月　日

(备注:不同旅行社有各自使用的报账明细单,形式各有不同,此表仅供参考。)

任务拓展

湖南××旅行社领队小张在OP处领到一个《澳洲——爱旅行7日游》的团队计划,这个团队是某公司的奖励旅游,20人组成,长沙直飞,悉尼墨尔本双点进出,在悉尼会安排有奖游戏环节,需当地采购奖品,奖金金额控制在2600元以内。离境前一天的晚餐安排加菜和酒水饮料控制在1200元以内。小张出发前预支了5000元团款,旅行过程中,在当地购买了一等奖奖品1000元,二等奖奖品800元,三等奖600元。行程结束前一天晚上的晚餐给客人加菜和酒水饮料共花费1060元。无其他支出。导游服务费按照每天400元支付。请依照上述情况填写报账单(参见表9-1报账明细单)。

工作任务二　处理相关后续问题

任务导入

游客王先生参加出境旅游,签订旅游合同前,他向旅行社提出,希望在境外有一天的自由活动时间,因为他想拜访老朋友,旅行社没有明确拒绝。到了旅游目的地后,王先生向领队提出要离团一天,并请领队将护照暂时归还。领队以团进团出为由,拒绝王先生离团,也拒绝将护照交给他。王先生最终没有拜访老朋友,仅仅是在酒店和老朋友见面。返程后,王先生向旅行社讨要说法。

任务解析

一、法律规定

(1)我国《旅游法》第16条规定,出境旅游者不得在境外非法滞留,随团出境的旅游者不得擅自分团、脱团。入境旅游者不得在境内非法滞留,随团入境的旅游者不得擅自分团、脱团。

(2)《中华人民共和国公民出境入境管理法实施细则》第16条规定,中国公民出境入境的主要证件——中华人民共和国护照和中华人民共和国旅行证由持证人保存、使用。

二、针对上述情况的理解

(1)出境游中团进团出的基本含义。从我国开始有旅行社组织出境旅游的时候起,旅行社就有一个团进团出概念,但所谓团进团出的含义是模糊不清的,导致许多旅游纠纷的发生。所谓团进团出,就是指旅游团队出入境时,必须保持全团游客同时出入境。同时,按照旅游行程的约定,全团游客在境外的旅游活动必须以整团的形式参加活动,游客不能在境外离开团队活动。

(2)旅行社是否可以和游客约定境外离团。按照一般的理解,只要旅行社游客协商一致,旅行社和游客就可以将协商的意愿纳入旅游合同中,这就是所谓的合同自由原则。但由于我国《旅游法》有明确的禁止性规定在前,出境旅游不得擅自分团、脱团,旅行社不可以和游客约定在境外分团。即使有这样的约定,由于违反了法律强制性规定,也属于无效范畴。因此,当游客提出境外分团的要求时,通常情况下,旅行社应当明确拒绝,而不是似是而非,给游客留下想象空间。

(3)法律并没有绝对禁止在境外分团。上述法律明确规定的是在境外旅游期间不得擅自分团、脱团,但并没有规定,境外旅游期间绝对分团。其实这个规定的含义是,只要有充分的理由,只要不是擅自的行为,旅游团游客的分团、脱团行为可以被允许。本法条对于擅自分团、脱团的禁止是表象、手段,并不是目的,其实质意义是为了防止游客在境外的非法滞留。

(4)境外旅游期间完全的团进团出并不现实。团进团出仅仅是一个一般性的原则规定,在一些特殊情况下,当然可以打破这个规定。比如,在旅游合同约定的自由活动期间,游客的活动行程由游客自己决定,统一活动既不可能,也无必要。又比如游客在境外生病、受伤,不能随团活动,游客的分团当然应当被许可,这在出境游实务中并不少见。更为极端的例子是,假如是游客不幸死亡,仍然要求游客团进团出,岂不是笑话?

(5)护照等身份证件的管理。由团进团出这个话题引申出另一个话题,就是游客出境游期间护照的保管。护照等证件是参加出境旅游游客的合法身份证明,犹如是境内的身份证。如此一比较,护照等身份证件由谁来保管,就不用多加论证了。一些领队以某个规定为由,要求统一保管游客的护照等证件,并不符合法律规定。事实上,如果游客真的想滞留不归,领队替游客保管护照的作用也非常有限。至于游客要求领队统一保管护照,则另当别论。

三、处理建议

1. 合理处理游客投诉

依据相关法律规定,游客王先生提出的要求并非不合法,也不是不可能,而且是在签订合同前就与旅行社沟通过这个问题,旅行社的态度也是不置可否。让王先生认为旅行社是同意了单独活动一天的要求的。因此,王先生提出投诉是可以理解的。

针对团队结束后游客的投诉,领队与OP及时反馈,旅行社可向其诚恳道歉,适当弥补损失,请求原谅。

2. 预防以后此类事情的发生

第一,签订合同前,旅行社应该将单独活动一天这件事情相关涉及的法律责任说明清楚,给游客一个明确的答复。若是允许则应及时将此情况告知领队,若是不允许则应向游客说明白,看其能否接受。在出团前及时处理问题,避免在境外出现矛盾和问题。

第二,当游客提出此要求时,领队应仔细了解情况,耐心解释,情况需要的时候可与组团社OP沟通,避免游客为此产生的不悦和投诉。

第三,领队将团队中遇见的各类问题及时归纳总结,向OP提出合理化建议,也督促自己提升处理问题的能力。

(资料来源:http://www.sjztour.gov.cn/col/1340784491429/2016/03/15/1458006424369.html。)

相关知识

领队下团后需要与组团社OP进行工作交接,分为口头工作汇报和书面报告两大部分。

(一)口头汇报

口头工作汇报主要是领队就其所带团队的基本情况进行描述,对旅行过程中发生的问题和处理办法进行说明。领队如果对团队的行程安排、地接服务有建议和意见也可一并提出,通过与OP沟通,更好地完善旅游线路和今后的领队服务。

二 书面报告

领队需要向OP提交的书面报告,主要包括组团社要求填写的《领队日志》、《旅游服务质量评价表》,还有此次团队运行过程中产生的其他资料。

(一)领队日志及相关书面报告

领队按照要求每日填写的《领队日志》,记载了团队从出发到归来的每日情况,包括用餐、住宿、交通、游览、导游等,是团队运行的原始记录。领队将其交给OP后,归入该团的档案。OP应对领队交回的《领队日志》认真翻阅,如发现其中有缺失不完整的部分,应要求领队补填。对领队在《领队日志》中反馈的问题要及时处理,避免今后出现同样的问题,若其中有重要问题应该上报部门经理。

若团队在旅游期间发生一些特殊情况,领队还需补充单独的书面报告,包括特殊情况、安全事故、交通延误、日程变更的处理等。只要是领队认为有必要进行汇报的问题,或者在旅行中发生的较重要事件,都应以书面报告形式进行详细记录,以备日后查询。

领队工作总结包括领队本人对本次团队的日程记录、目的地国家的讲解要点、改进产品线路和改进服务的一些建议。一方面帮助领队养成总结工作的好习惯,促使其提高业务水平;另一方面对产品线路的建议也有助于旅行社经营管理水平的提高。

(二)《旅游服务质量评价表》

《旅游服务质量评价表》通常是行前说明会上发给游客的,领队在旅行即将结束前收回并交给OP。《旅游服务质量评价表》主要是反馈游客对旅行途中的食、住、行、游、购、娱等多项服务的评价意见,是游客评价最直接、最真实的反映,对旅行社工作的完善和改进有很大帮助。《旅游服务质量评价表》通常由旅行社的客户服务部门收存。

(三)其他资料

1. 有证据作用的凭证

团队在旅行期间,如有行程变更、增加自费项目、取消景点游览等,当场都应要游客签字确认,主要是为避免团队结束后产生纠纷。这些游客签字的单据,领队均应带回交给OP归档,是重要的证据凭证。

2. 游客来函等物品

在旅行过程中,如果有游客对旅行社的安排不满意,提出投诉,写出投诉书;或者游客对旅行非常满意,提出表扬信;或遇见重大事件感谢领队处理得当,送锦旗等情况。领队都应把相关信函和物品交付OP。对游客提出的问题及时回复,对游客提出的表扬应致电感谢。

任务拓展

领队小张刚刚结束巴厘岛5晚6日游。游客是三个家庭组成,6大4小。旅途中一切基本顺利,地接导游经验丰富,食宿安排妥当,游客玩得非常尽兴。请你根据线路和该团队的基本情况完成领队工作总结。

基本行程如下:

第一天:长沙—巴厘岛。

第二天:南湾、海龟岛、乌鲁瓦图情人崖、海天一线下午茶、库塔洋人街。

第三天:海神庙、乌布皇宫、传统市场、金巴兰海滩。

第四天:全天自由活动(自由活动期间不含餐、车、导游)。

第五天:全天自由活动(自由活动期间不含餐、车、导游)。

第六天:巴厘岛—长沙。

工作任务三 保持与游客的联系

任务导入

1. 小张是一家旅行社的专职领队,爱好摄影的他工作中有一个习惯,每次出境团队出发前他都会建立一个微信群,方便与客人的联络沟通、发布消息。旅游途中他会把拍摄到的有趣的、唯美的、罕见的照片或者视频发到群里,客人们都对他的拍摄水平赞不绝口。他会注意观察哪些游客热衷拍照,会留心给这样的游客捕捉一些特写,发给客人后,客人通常非常高兴。团队结束后,他也会不定期在群里分享各个目的地的风景照,节日时问候大家,对游客提出的旅游咨询都耐心细致地提供诚恳的建议。因此,他的领队工作越做越顺利,同时也拥有了许多忠诚的客户。这些客户需要旅游出行总是第一个想到他,甚至说:"小张,不管以后你到哪家旅行社,我都认准你了。"

请分析,领队小张工作的成功之处在哪里?

2. 2016年3月19日,中华人民共和国国家旅游局网站报道,一封特别的表扬信从国家旅游局转到北海市旅游发展委员会的办公室。写信人在信中表扬北海环球国际旅行社领队王彬,以专业热诚的服务态度、丰富深厚的文化素养和赤诚炽热的爱国精神感动了游客,赢得了游客的赞誉。

据了解,写信人是一位姓张的男士,报名参加了北海环球国际旅行社的"越南下龙、河内四天三晚"旅行团,领队正是该社员工王彬。

45人的旅行团在越南先后游览了下龙湾、河内巴亭广场、胡志明陵等越南知名景点。游览过程中,完全没有遇到强迫购物或强迫自费旅游的问题,行程十分愉快。领队王彬对每一位团员都真诚细心、照顾周到,服务态度文明规范,讲解也生动细致,并且还主动向自己所带的团队宣传文明出行、尊重他国的风俗习惯等注意事项,期望大家能做文明游客、为国争光。此外,王彬还结合历史和当今时势,向团员们介绍了越南人民的领袖胡志明同志和越南人民的斗争故事、中越两国的悠长深厚的文化和友谊,还赞扬了中国共产党及领导人为中国人民的独立、发展所做出的贡献,使游客在观赏美景、了解当地的文化历史的同时,受到生动的爱国主义教育。

"他这种自发的、真诚的爱国主义精神很值得我们学习,为此我建议对王彬同志进行通报表扬。"游客张先生在信末动情地写道。

据北海环球国际旅行社的相关负责人介绍,该社对出境游团队工作人员的职业素养一直以来要求颇高,越南游一直以来都是热门线路,在带团出游的过程中该社除了提供专业热情的旅游服务外,还特别注重引导游客出境游文明出行,以维护中国游客的文明形象。王彬所表现出来的专业素养和爱国主义精神值得大家好好学习,但这也是每一位出境游工作人员都应该做到的。

请分析:北海环球国际旅行社和领队王彬的成功之处在哪里?

(资料来源:http://www.cnta.gov.cn/xxfb/xxfb_dfxw/201603/t20160318_764227.shtml。)

任务解析

1. 领队小张在工作中善于发挥自己的长处,喜爱摄影的他记录下各种美丽的瞬间分享给客人,拉近了与客人的距离。团队结束后,他依然注意维护与之前游客的关系,分享一些照片,既是美的分享也是自己精彩领队工作的展示。日常的问候与不厌其烦地提供咨询让游客对其印象良好,小张与游客建立了融洽的关系,让人们以后想到旅游就想到自己。为今后工作的发展和晋升奠定了牢固的客户基础。

2. 北海环球国际旅行社对出境游团队工作人员的职业素养一直以来要求颇高,而且在带团出游的过程中该社除了提供专业热情的旅游服务外,还特别注重引导游客出境游文明出行,以维护中国游客的文明形象,起到了非常好的引领作用。领队王彬以良好的职业道德、专业热诚的服务态度、丰富深厚的文化素养和赤诚炽热的爱国精神感动了游客,赢得了游客的赞誉。

相关知识

一 端正认识,明确定位

(一)珍贵的共同旅行

领队陪同游客前往一个陌生新奇的国家或地区游览度假,短则几天,长则数周,朝夕相处，共同领略异国他乡的别致风景，共同经历旅行途中的风风雨雨，这是一段很宝贵的经历，会留下许多难忘的深刻记忆，会产生许多共同的话题和语言今后可以回味。切勿把团队的结束当成与游客的彻底告别，这是工作中的一种错误认识。

(二)宝贵的客户资源

游客在今后的生活工作中还有许多出游出行的需求，而领队与所带游客通常生活在同一个城市，领队应该与游客建立并保持相互信任的关系，在游客有新的旅游需求时成为其咨询了解的专业人士，争取让游客成为旅行社的忠实客户，成为自己宝贵的客户资源。

二 保持联络，多种交流

(一)分享旅行途中的影像

旅行途中，领队可用心记录下团队中游客各种生动有趣的照片和影像，拍摄下美丽的风景，并通过微信等形式分享给客人，加深旅途中彼此情感的依恋。

(二)保持情感交流

领队可通过电话、邮件、微信、微博等信息交流方式，在节假日、游客生日或日常送上温暖的祝福与关心，在游客有任何旅游需求的时候，不厌其烦、热心、耐心地为其提供咨询服务，通过日常生活中点滴小事的积累，与游客建立良好的情感交流，从而让游客对领队及组团社留下良好的印象，为游客下一次的出行选择起到良好的铺垫作用。

任务拓展

1.请拍摄三张有特色的集体照(10人以上)。

2.中秋节即将来到，请编辑一条问候短信用微信发给曾经的团友。

附录A
领队常用英语词汇

一 机场

international airport	国际机场
domestic airport	国内机场
check-in	登机手续办理
boarding pass (card)	登机牌
airport terminal	机场候机楼
arrivals	进站(进港、到达)
departures	出站(出港、离开)
security check	安全检查
international terminal	国际候机楼
transfers	中转
transit	过境
transfer passengers	中转旅客
transfer correspondence	中转处
exit; out; way out	出口
goods to declare	报关物品

nothing to declare	不需报关
VIP room	贵宾室
customs	海关
ticket office	购票处
cashier's (desk)	付款处,收银处
gate;departure gate	登机口
passenger conveyer	自动步行梯
luggage carousel	行李传送带
departure lounge	候机室
FLT No.(flight number)	航班号
scheduled time (SCHED)	预计时间
delayed	延误
handed	已降落
boarding	登机
departure time	起飞时间
arrive from	来自
departure to	前往
duty-free shop	免税店
currency exchange	货币兑换处
luggage locker	行李暂存箱
luggage tag	行李牌
hand luggage;carry-on luggage	手提行李
checked luggage	过磅行李
free luggage allowance	免费托运行李重量
overweight	超重
charge for overweight luggage	超重费
personal belonging	随身物品
luggage claim;baggage claim	行李领取处机票用语

endorsement / restrictions	限定条件
carrier	承运人（公司）
Flight No.	航班号
Seat No.	机座号
class(fare-based)	座舱等级
first class	头等舱
business class	公物舱
economy class	经济舱
status	订座情况
smoking seat	吸烟座位
non-smoking seat	非吸烟席
immigration	移民局
passport control	护照检查处
arrival card	入境卡
departure card	出境卡
country of origin	原住地
destination country	目的地国家
city where you boarded	登机城市
port of entry	入境城市
address while in(a nation)	前往国家的住址
occupation	职业
jobless	无业
service agent	服务人员
number and street	街道及门牌号
city and state	城市及国家
nationality	国籍
country of citizenship	国籍
signature	签名

official use only	官方填写
city where a visa was issued	签证签发地
date of issue	签发日期
customs declaration	海关申报
customs duty	海关税
customs inspector	海关检查员
goods to declare	申报物品
Health Certificate for International Travelers	国际旅行健康证明书
date of birth (birth date)	出生日期
accompanying number	偕行人数
immunization	免疫
quarantine formalities	检疫手续
baggage claim area	行李提取区
baggage service	行李服务处
cart	推车
hand truck	手推车
misplaced	错放
damage	损坏
compensation	补偿
visa	签证
group visa	团体签证
visa type	签证种类
Issue at	签发地
Issue Date (或 on)	签发日期
Passport No.	护照号
Control No.	编号
For stays of	停留期为
Expiry Date (或 before)	失效日期(或必须在……日之前入境)

二 飞机上

plane, aircraft	飞机
jet aircraft	喷气客机
pilot	驾驶员
captain	机长
air crew	机组人员
steward	男乘务员
stewardess	女乘务员
ground crew	地勤人员
cabin	机舱
airsick	晕机
sickness bag	机上清洁袋, 呕吐袋
window seat	靠窗户的座位
aisle seat	靠过道的座位
emergency exit	紧急出口
lavatory	卫生间
occupied	（卫生间）有人
vacant	（卫生间）无人
in-flight service	空中服务
overhead bin, overhead compartment	头顶上方的行李柜
overhead light	顶灯
arrival time	抵达时间
departure time	起飞时间
time to destination	到目的地时间
distance to destination	到目的地距离
outside air temperature	外面的气温
turbulence	气流

life vest (jacket) under your seat	救生衣在座椅下
fasten seat belt while seated	坐下后系好安全带
safety on board	乘机安全
lavatories in rear	卫生间在后部
in-flight	飞行中
cloudy	有云的
foggy	有雾的
transit stop	过境停留
oxygen mask	氧气罩
in-flight magazine	机上杂志
reading lamp	阅读灯
first class passenger	头等舱旅客
economy passenger	普通舱旅客
at the altitude of	高度为
at the speed of	速度为
blanket	毛毯
pillow	枕头
first-aid kit	急救包
light meal	便餐
snack	点心
instant noodle	泡面
cream	奶油
sugar	糖
drink	饮料
coffee	咖啡
orange juice	橙汁
tea	茶
Coke, Coca-Cola	可口可乐

Pepsi	百事可乐
Seven-up	七喜汽水
mineral water	矿泉水
noodle	面条
rice	米饭
chicken	鸡肉
beef	牛肉
fish	鱼

三、海关

arrival card	入境卡
departure card	出境卡
customs	海关
customs declaration	海关申报
customs duty	海关税
customs inspector	海关检察员
goods to declare	报关物品
passport control	护照检查处
Passport No	护照号
group size	团队人数
group tourist	团队旅游者
group visa	团队签证

四、酒店

economy(1-star)	一星
some comfort(2-star)	二星
average comfort(3-star)	三星
high comfort(4-star)	四星

luxury(5-star)	五星
commercial hotel	商务饭店
resort hotel	旅游胜地饭店
apartment hotel	公寓饭店
reception	接待处
front desk	前台
housekeeping department	房务部,管家部
food and beverage department	餐饮部
entertainment department	康乐部
resident manager	住店经理
duty manager	值班经理
lobby manager	大堂经理
supervisor	主管
captain	领班
cashier	收银员,出纳员
receptionist	接待员
floor attendant	楼层服务员
room maid	打扫客房的女服务员
bellboy,bellman	行李员
reservation	预订;预约
book	预订
vacancy	空房
vacant room	空的房间
room rate	房价
voucher	凭证,券
single room	单人房
double room	双人房
triple room	三人房

twin room	双床间
suite	套房
lobby	大堂
banquet room	宴会厅
restaurant	餐厅
coffee shop	咖啡厅
cafeteria	自助餐厅
health center	健身房
sauna	桑拿浴室
massage parlor	按摩室
beauty parlor	美容室
barber shop	理发室
tennis court	网球场
bowling alley	保龄球场
billiards room	桌球室
mahjong and chess room	棋牌室
souvenir shop	纪念品商店
fire exit	火警出口
bathroom	(客房内的)洗澡间
shower	淋浴
shower curtain	浴帘
shower head	淋浴喷头
toilet	抽水马桶
refrigerator	电冰箱
pay TV	收费电视
safe-deposit box	保险箱
wall lamp	壁灯
television remote control	电视遥控器

discount	折扣
service charge	服务费
extra charge	额外费用
sold out	卖完了
fully booked	全部订满
check in	入住
check out	结账离店，退房
arrival time	抵店时间
departure time	离店时间
settle accounts	结账
key card	钥匙卡
laundry service	洗衣服务
laundry list	洗衣单
laundry bag	洗衣袋
laundry charge	洗衣费
express service	快洗服务
dry cleaning	干洗
press	熨衣服
express service charge	快件收费
plus 50%	加收50%
zipper	拉链
button	纽扣
clothes hanger	衣架
shoe shining paper	擦鞋纸
towel	毛巾
shampoo	洗发液
shower cap	浴帽
cotton swab	棉签

lavatory	卫生间
toilet	抽水马桶
toilet paper	卫生纸
toilet soap	香皂
toothbrush	牙刷
toothpaste	牙膏
toothpick holder	牙签
hair dryer	干发机
panties	女短裤
nightdress	女睡衣
coat	女短大衣
blouse	女上衣
dress	连衣裙
pajama	男睡衣
underpants	男短裤
shirt	男衬衣

五、餐厅

appetite	食欲
appetizers	开胃小菜
beef	牛肉
bean curd	豆腐
cafe	咖啡馆
cafeteria	自助餐厅
chef	主厨
chopstick rest	筷子架
chicken	鸡肉
cabbage	卷心菜

dessert	甜点
dining table	餐桌
food	食物
food and beverage department	餐饮部
food and beverage manager	餐饮部经理
coffee	咖啡
coffee shop	咖啡厅
snack	点心
soup	汤
soy sauce bottle	酱油瓶

（六）购物

business hours	营业时间
bargain	廉价品
bargain sale	大减价
discount	打折、折扣
go shopping	购物
grocer's	杂货店
cash	现金
cash a check	用支票兑换现钞
cash payment	现金支付
cashier	收银员
cashier's	付款处
on sale	廉价出售
price	价格
price tag	价格标签
pharmacy, drug store	药店
shopping around	逛商店

shopping bag	购物袋
shopping mall	购物商场
50% extra	加收50%
sold out	卖光
souvenir shop	纪念品商店
souvenirs	纪念品
cosmetics	化妆品

附录B
旅行社出境旅游服务规范

1. 范围

本标准规定了旅行社组织出境旅游活动所应具备的产品和服务质量的要求。

本标准适用于中华人民共和国境内旅行社提供的出境旅游业务。

2. 规范性应用文件

下列文件对于本文件的应用是必不可少的。凡是注日期的引用文件,仅注日期的版本适用于本文件。凡是不注日期的引用文件,其最新版本(包括所有的修改单)适用于本文件。

GB/T 15971—2010 导游服务规范

GB/T 16766—2010 旅游业基础术语

GB/T 31385—2015 旅行社服务通则

LB/T 009—2011 旅行社入境旅游服务规范

3. 术语和定义

GB/T 15971—2010、GB/T 16766 和 GB/T 31385—2015 确立的以及下列的术语和定义适用于本文件。

3.1

组团社 outbound travel service

依法取得出境旅游经营资格的旅行社。

3.2

出境旅游 outbound tour

组团社组织的以团队旅游的方式,前往中国公布的旅游目的地国家/地区的旅行游览活动。

3.3

出境旅游领队 outbound tour escort

依法取得从业资格,受组团社委派,全权代表组团社带领旅游团出境旅游,监督境外接待旅行社和导游人员等执行旅游计划,并为旅游者提供出入境等相关服务的工作人员。

3.4

出境旅游产品 outbound tour product

组团社为出境旅游者提供的旅游线路及其相应服务。

3.5

旅游证件 tour certification

因私护照和/或来往港澳/台湾地区的通行证。

3.6

出境旅游合同 outbound tour contract

组团社与出境旅游者(团)双方共同签署并遵守、约定双方权利和义务的合同。

3.7

奖励旅游 incentive travel

组织为其业绩优秀的员工提供所需经费,并委托专业旅游机构(组团社)组织,以弘扬企业文化、传达组织对其员工的感谢与关怀为创意,以增强员工的荣誉感和企业凝聚力、刺激业绩增长形成良性循环为主要目的的旅游活动。

3.8

同业合作 travel agencies' community cooperation

组团社之间互为代理对方的出境旅游产品,或者组团社委托其零售商代理销售其出境旅游产品并代为招徕出境旅游者的业务合作活动。

4. 出境旅游产品

4.1 产品要求

组团社应编制并向旅游者提供《旅游线路产品说明书》(以下简称《说明书》)。《说明书》应符合 GB/T 31385—2015 的要求。

附录B
旅行社出境旅游服务规范

1. 范围

本标准规定了旅行社组织出境旅游活动所应具备的产品和服务质量的要求。

本标准适用于中华人民共和国境内旅行社提供的出境旅游业务。

2. 规范性应用文件

下列文件对于本文件的应用是必不可少的。凡是注日期的引用文件,仅注日期的版本适用于本文件。凡是不注日期的引用文件,其最新版本(包括所有的修改单)适用于本文件。

GB/T 15971—2010 导游服务规范

GB/T 16766—2010 旅游业基础术语

GB/T 31385—2015 旅行社服务通则

LB/T 009—2011 旅行社入境旅游服务规范

3. 术语和定义

GB/T 15971—2010、GB/T 16766 和 GB/T 31385—2015 确立的以及下列的术语和定义适用于本文件。

3.1

组团社 outbound travel service

依法取得出境旅游经营资格的旅行社。

3.2

出境旅游 outbound tour

组团社组织的以团队旅游的方式,前往中国公布的旅游目的地国家/地区的旅行游览活动。

3.3

出境旅游领队 outbound tour escort

依法取得从业资格,受组团社委派,全权代表组团社带领旅游团出境旅游,监督境外接待旅行社和导游人员等执行旅游计划,并为旅游者提供出入境等相关服务的工作人员。

3.4

出境旅游产品 outbound tour product

组团社为出境旅游者提供的旅游线路及其相应服务。

3.5

旅游证件 tour certification

因私护照和/或来往港澳/台湾地区的通行证。

3.6

出境旅游合同 outbound tour contract

组团社与出境旅游者(团)双方共同签署并遵守、约定双方权利和义务的合同。

3.7

奖励旅游 incentive travel

组织为其业绩优秀的员工提供所需经费,并委托专业旅游机构(组团社)组织,以弘扬企业文化、传达组织对其员工的感谢与关怀为创意,以增强员工的荣誉感和企业凝聚力、刺激业绩增长形成良性循环为主要目的的旅游活动。

3.8

同业合作 travel agencies' community cooperation

组团社之间互为代理对方的出境旅游产品,或者组团社委托其零售商代理销售其出境旅游产品并代为招徕出境旅游者的业务合作活动。

4. 出境旅游产品

4.1 产品要求

组团社应编制并向旅游者提供《旅游线路产品说明书》(以下简称《说明书》)。《说明书》应符合 GB/T 31385—2015 的要求。

4.2 设计要求

出境旅游产品设计除应满足 GB/T 31385—2015 的要求外,还应:

a) 突出线路的主题与特色,适时开发并推出新产品;

b) 优化旅游资源的配置与组合,控制旅游者消费成本;

c) 充分考虑旅游资源的时令性限制;

d) 确保旅游目的地及其游览/观光区域的可进入性;

e) 符合国家法律法规、部门规章、国家或行业标准的要求;

f) 具有安全保障,正常情况下能确保全面履约,发生意外情况时有应急对策;

g) 产品多样化,能满足不同消费档次、不同品味的市场需求,符合旅游者的愿望。

5. 服务提供通用要求

5.1 总要求

5.1.1 组团社应在受控条件下提供出境旅游服务,以确保服务过程准确无误。为此,组团社应:

a) 下工序接受上工序工作移交时进行检验复核,以确认无误;

b) 确保其工作人员符合规定的资格要求和具备实现出境旅游服务所必需的能力,以证实自身的服务过程的质量保障能力和履约能力;

c) 确立有效的服务监督方法并组织实施;

d) 为有关工序提供作业指导书;

e) 提供适当的培训或其他措施,以使员工符合规定的资格要求并具备必需的能力;

f) 认真查验登记并妥善保管旅游者提供的相关旅游证件及资料,需要移交时保留移送交接记录。

5.1.2 组团社应安排旅游团队从国家开放口岸整团出入境,并按照出境旅游合同的约定,为旅游者提供服务。

在旅游过程中,组团社及其领队人员应:

a) 对可能危及旅游者人身、财产安全的因素:

——向旅游者作出真实的说明和明确的警示;

——采取防止危害发生的必要措施。

b) 尊重旅游者的人格尊严、宗教信仰、民族风格和生活习惯。

5.2 营销服务

5.2.1 门市部营业环境与销售人员

门市部营业环境与销售人员应符合 GB/T 31385—2015 第 6 章的要求。

5.2.2 接受旅游者报名

接受旅游者报名时，营业销售人员除应符合 GB/T 31385—2015 第 6 章的要求外，还应：

a) 向旅游者提供有效的旅游产品资料，并为其选择旅游产品提供咨询；

b) 告知旅游者填写出境旅游有关申请表格的须知和出境旅游兑换外汇有关须知；

c) 认真审验旅游者提交的旅游证件及相关资料物品，以使符合外国驻华使领馆的要求，对不适用或不符合要求的及时向旅游者退换；

d) 向旅游者/客户说明所报价格的限制条件，如报价的有效时段或人数限制等；

e) 对旅游者提出的参团要求进行评价与审查，以确保所接纳的旅游者要求均在组团社服务提供能力范围之内；

f) 与旅游者签订出境旅游合同及相关的补充协议，并提供《旅游线路产品说明书》作为旅游合同的附件；

g) 接受旅游者代订团队旅游行程所需机票和代办团队旅游行程所需签证/注的委托；

h) 计价收费手续完备，收取旅游费用后开具发票，账款清楚；

i) 提醒旅游者有关注意事项，并向旅游者推荐旅游意外保险；

j) 妥善保管旅游者在报名时提交的各种资料物品，交接时手续清楚；

k) 将经评审的旅游者要求和所作的承诺及时准确地传递到有关工序。

5.3 团队计调运作

5.3.1 旅游证件

组团社应确保旅游者提交的旅游证件在送签和移送过程中在受控状态下交接和使用。

5.3.2 境外接团社的选择与管理

组团社应对境外接团旅行社进行评审，在满足下列条件的旅行社中优先选用，并与其签订书面接团协议，以确保组团社所销售的旅游产品质量的稳定性：

a) 依法设立；

b) 在目的地国家/地区旅游部门指定或推荐的名单内；

c) 具有优良的信誉和业绩；

d) 有能够满足团队接待需要的业务操作能力；

e) 有能够满足团队接待需要的设施和设备;

f) 有能够满足团队接待需要且符合当地政府资质要求的导游人员队伍,并不断对其进行培养和继续教育,以使其不断提高其履行出境旅游合同约定的意识和服务技能,持续改进服务质量;

g) 订立了符合出境旅游合同要求的导游人员行为规范,并能在导游人员队伍中得到有效实施。组团社应定期对境外接待社进行再评审,并建立境外接团社信誉档案。评审间隔不应超过 1 年。相关的记录应予保存。

5.3.3 旅游签证/注

组团社应按照旅游者的委托和旅游目的地国驻华使领馆/我公安等部门的要求为旅游者代办团队旅游签证/注。对旅游者提交的自办签证/注,接收时应认真查验,以使符合外国驻华使领馆的要求。

代办签证/注过程中产生的相关交接记录应予保存。

5.3.4 团队计划的落实

组团社应根据其承诺/约定、旅游线路以及经评审的旅游者要求/委托,与有关交通运输、移民机关、接团社等有关部门/单位落实团队计划的各项安排/代办事项,确保准确无误。

组团社在落实团队计划过程中发现任何不适用的旅游者物品资料,应及时通知旅游者更换/更正。

与境外接待社落实团队接待计划确认信息的书面记录应予保存。

公商务旅游团队,组团社应与出团单位的联系人保持有效沟通,并对出团单位审定的方案进行评审并保存记录,以确保所需服务在组团社的提供能力范围内。超出能力范围的,应与出团单位协商解决。

团队计划落实妥当后,计调人员应做好如下工作并保存相应的移送交接记录:

a) 将如下信息如实告知领队人员,并提供相应的书面资料:

——团队计划落实情况,如团队行程;

——团队名单;

——旅游者的特殊要求。

b) 向领队移交:

——团队的旅游证件;

——团队机票;

——团队出入国境时需使用的有关表格;

——公安边检查验用的团队名单表(需要时);

——另纸签证(需要时);

——团队的其他相关资料。

5.3.5 行前说明会

出团前,组团社应召开出团行前说明会。在会上,组团社应向旅游者:

a) 重申出境旅游的有关注意事项,以及外汇兑换事项与手续等;

b) 发放并重点解读根据《旅游产品计划说明书》细化的《行程须知》;

c) 发放团队标识和《游客旅游服务评价表》;

注:参照 LB/T 009—2011 附录 D 给出的参考样式。

d) 翔实说明各种由于不可抗力/不可控制因素导致组团社不能(完全)履行约定的情况,以取得旅游者的谅解。

《行程须知》除细化并如实补充告知《说明书》中交通工具的营运编号(如飞机航班号等)和集合出发的时间地点以及住宿的饭店名称外,还应列明:

a) 前往的旅游目的地国家或地区的相关法律法规知识和有关重要规定、风俗习惯以及安全避险措施;

b) 境外收取小费的惯例及支付标准;

c) 组团社和接团社的联系人和联络方式;

d) 遇到紧急情况的应急联络方式(包括我驻外使领馆的应急联络方式)。

5.3.6 国内段接送旅游汽车

国内段接送旅游汽车应符合 GB/T 26359—2010 的要求。

5.4 领队接待服务

5.4.1 总要求

出境旅游团队应配备符合法定资质的领队。

5.4.2 领队素质要求

领队人员应:

a) 符合 GB/T 15971—2010 要求的基本素质;

b) 切实履行领队职责、严格遵守外事纪律;

c) 已考取领队证并具备:

1) 英语或目的地国家/地区语言表达能力;

2) 导游工作经验和实操能力;

3)应急处理能力。

5.4.3 领队职责

领队应：

a)维护旅游者的合法权益；

b)与接待社共同实施旅游行程计划,协助处理旅游行程中的突发事件、纠纷及其他问题；

c)为旅游者提供旅游行程的相关服务；

d)代表组团社监督接待社和当地导游的服务质量；

e)自觉维护国家利益和民族尊严,并提醒旅游者抵制任何有损国家利益和民族尊严的言行；

f)向旅游者说明旅游目的地的法律法规、风土人情及风俗习惯等。

5.4.4 领队服务规范

5.4.4.1 通则

领队服务应符合 GB/T 15971—2010 的相关要求。

领队应认真履行领队职责(见5.4.3),按旅游合同的约定完成旅游行程计划。

5.4.4.2 出团准备

领队接收计调人员移交的出境旅游团队资料时应认真核对查验。

注：出境旅游团队资料通常包括团队名单表、出入境登记卡、海关申报单、旅游证件、旅游签证/签注、交通票据、接待计划书、联络通信录等。

领队应提前到达团队集合地点,召集、率领团队按时出发,并在适当的时候代表组团社致欢迎词。

5.4.4.3 出入境服务

领队应告知并向旅游者发放通关时应向口岸的边检/移民机关出示/提交的旅游证件和通关资料(例如,出入境登记卡、海关申报单等),引导团队依次通关。

向口岸的边检/移民机关提交必要的团队资料(例如,团队名单、团体签证、出入境登记卡等),并办理必要的手续。

领队应积极为旅游团队办妥乘机和行李托运的有关手续,并依时引导团队登机。

飞行途中,领队应协助机组/空乘人员向旅游者提供必要的帮助和服务。

5.4.4.4 旅行游览服务

领队应按组团社与旅游者所签的旅游合同约定的内容和标准为旅游者提供符合 GB/

T 15971—2010 要求的旅游行程接待服务,并督促接待社及其导游员按约定履行旅游合同。

入住饭店时,领队应向当地导游员提供团队住宿分房方案,并协助导游员办好入店手续。

在旅游途中,领队应:

a) 积极协助当地导游为旅游者提供必要的帮助和服务;

b) 劝谕引导旅游者遵守当地的法律法规,尊重当地风俗习惯;

c) 随时注意团队安全。

旅游行程结束时,应通过向旅游者发放并回收《游客旅游服务评价表》征询旅游者对旅游行程服务的意见,并代表组团社致欢送词。

5.4.5 特殊/突发情况的处理

组团社应建立健全应急预案和应急处理机制,建立保持畅通的沟通渠道。

旅游者在旅游过程中遇到特殊困难、旅游者在境外滞留不归或出现特殊/突发情况,如事故伤亡、行程受阻、财物丢失或被抢被盗、重大传染性疾病、自然灾害等,领队应积极协助有关机构或直接作出有效的处理,并向我驻当地使领馆报告,获得帮助,以维护旅游者的合法权益。

注:GB/T 15971—2010 附录 A 提供了应急处理的原则。

6. 服务提供特别要求

6.1 奖励旅游

组团社应为组织者度身定做奖励旅游专项产品。奖励旅游产品应与组织者奖励旅游的创意和目的相匹配。组团社应参照本标准5.3.4条款的要求提供相关服务。

6.2 同业合作

6.2.1 导则

组团社之间或者组团社与其零售商之间,可依法建立批发与零售代理关系。

6.2.2 组团社

组织出团的组团社应:

a) 向负责收客的旅行社提供符合本标准第4章要求的旅游产品;

b) 向负责收客的旅行社招徕的旅游者提供符合本标准要求的出境旅游服务。

6.2.3 负责收客的旅行社

收客时,负责收客的旅行社应:

a) 向旅游者披露组团社,并使用组团社指定的旅游合同;

b) 向旅游者提供符合本标准要求的销售服务;

c) 销售旅游线路产品时使用该产品组团社的《说明书》;

d) 非经组团社同意,不向旅游者作出超出《说明书》范围的承诺。

6.2.4 转团

旅游团队因组团社原因不能按约成行,需将旅游者转到另外的组团社出团的,原签约的组团社应与旅游者签订转团合同,并与承担出团任务的组团社签订合作协议。

6.2.5 沟通

组团社、负责收客的旅行社与旅游者应保持有效的沟通,相关资料得到及时传递,客源交接的相关手续与信息清楚并保留相应的记录。

6.2.6 信誉档案

组团社与负责收客的旅行社应互建对方的信誉档案。

旅游者投诉时,属负责收客的旅行社自身责任所致的,负责收客的旅行社应及时作出处理;属组团社责任所致的,应及时会同组团社作出处理。

7. 服务质量的监督与改进

7.1 总要求

组团社应按照本标准的要求并参照 GB/T 19001 的要求建立出境旅游服务质量管理体系。

组团社应建立健全出境旅游服务质量检查机构和监督机制,依据本标准对出境旅游服务进行监督检查。

7.2 服务质量的监督

组团社应通过《游客旅游服务评价表》、《领队日志》、电话回访、对自身出境旅游产品的定期评价、每年度对地接社及其地陪的服务供方评价及其他方式认真听取各方面的意见;对收集到的旅游者反馈信息进行统计分析,了解旅游者对出境旅游服务的满意度。

7.3 服务质量的改进

组团社应根据旅游者的满意度对存在的质量问题进行分析,确定出现质量问题的原因。

组团社应针对出现质量问题的原因采取有效措施,防止类似问题再次发生,达到出境旅游服务质量的持续改进。

7.4 投诉处理

组团社对旅游者的投诉应认真受理、登记记录,依法作出处理。

组团社应设专职人员负责处理旅游者投诉。对于重大旅游投诉,组团社主要管理人员应亲自出面处理。

组团社应建立健全投诉档案管理制度。

(资料来源:GB/T 19001 质量管理体系要求。)

附录C
部分国家出入境卡、海关申报单、健康卡填写中英文对照

1. 泰国

入境卡正面如附图 C-1 所示。

附图 C-1

入境卡背面如附图 C-2 所示。

附图 C-2

出境卡如附图 C-3 所示。

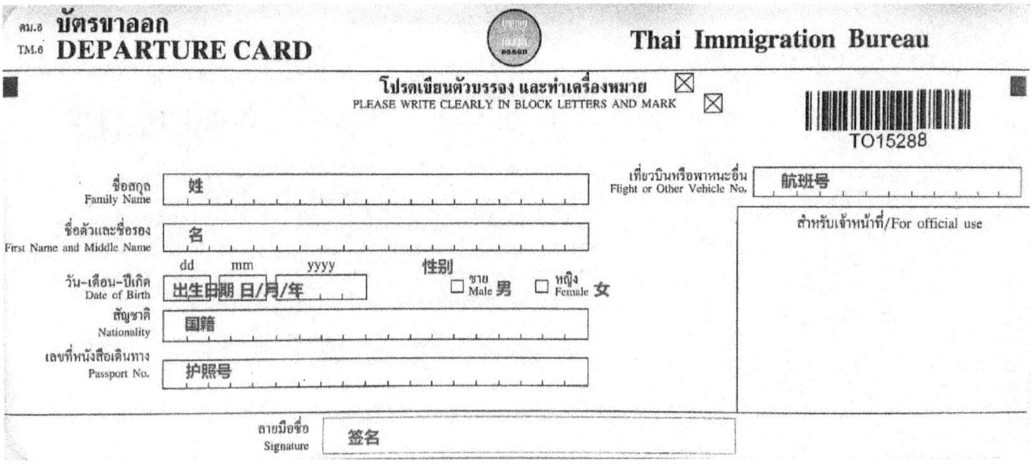

附图 C-3

2. 菲律宾

入境卡如附图 C-4 所示。

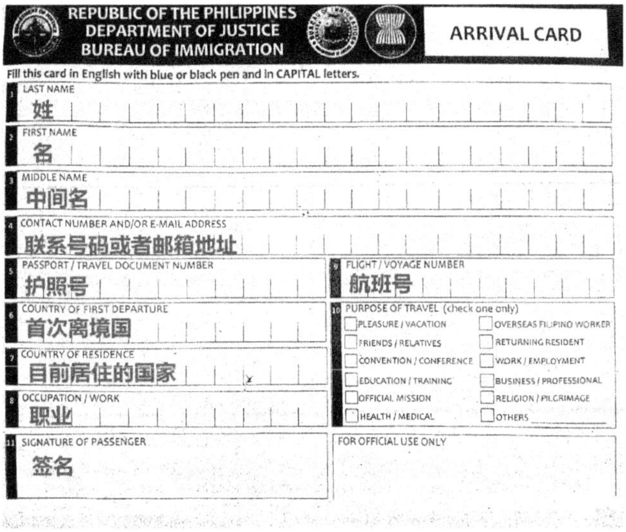

REPUBLIC OF THE PHILIPPINES
DEPARTMENT OF JUSTICE
BUREAU OF IMMIGRATION
ARRIVAL CARD

Fill this card in English with blue or black pen and in CAPITAL letters.

1 LAST NAME 姓
2 FIRST NAME 名
3 MIDDLE NAME 中间名
4 CONTACT NUMBER AND/OR E-MAIL ADDRESS 联系号码或者邮箱地址
5 PASSPORT / TRAVEL DOCUMENT NUMBER 护照号
9 FLIGHT / VOYAGE NUMBER 航班号
6 COUNTRY OF FIRST DEPARTURE 首次离境国
7 COUNTRY OF RESIDENCE 目前居住的国家
8 OCCUPATION / WORK 职业
10 PURPOSE OF TRAVEL (check one only)
- PLEASURE / VACATION
- FRIENDS / RELATIVES
- CONVENTION / CONFERENCE
- EDUCATION / TRAINING
- OFFICIAL MISSION
- HEALTH / MEDICAL
- OVERSEAS FILIPINO WORKER
- RETURNING RESIDENT
- WORK / EMPLOYMENT
- BUSINESS / PROFESSIONAL
- RELIGION / PILGRIMAGE
- OTHERS

11 SIGNATURE OF PASSENGER 签名
FOR OFFICIAL USE ONLY

附图 C-4

3. 马来西亚

入境卡如附图 C-5 所示。

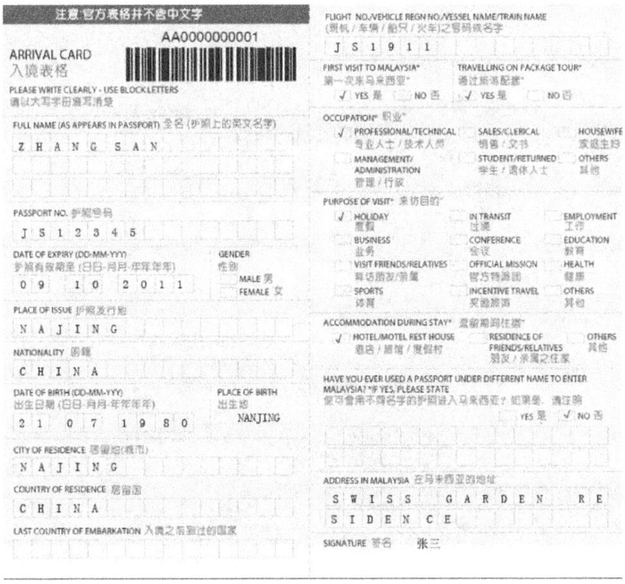

注意:官方表格并不含中文字
AA0000000001
ARRIVAL CARD
入境表格
PLEASE WRITE CLEARLY - USE BLOCK LETTERS
请以大写字母填写清楚

FULL NAME (AS APPEARS IN PASSPORT) 全名(护照上的英文名字)
Z H A N G S A N

PASSPORT NO. 护照号码
J S 1 2 3 4 5

DATE OF EXPIRY (DD-MM-YYY)
护照有效期至(日日-月月-年年年年)
0 9 1 0 2 0 1 1

GENDER 性别
MALE 男
FEMALE 女

PLACE OF ISSUE 护照发行地
N A J I N G

NATIONALITY 国籍
C H I N A

DATE OF BIRTH (DD-MM-YYY)
出生日期(日日-月月-年年年年)
2 1 0 7 1 9 8 0

PLACE OF BIRTH 出生地
NANJING

CITY OF RESIDENCE 居留地(城市)
N A J I N G

COUNTRY OF RESIDENCE 居留国
C H I N A

LAST COUNTRY OF EMBARKATION 入境之前到过的国家

FLIGHT NO./VEHICLE REGN NO./VESSEL NAME/TRAIN NAME
(班机/车辆/船只/火车)之号码或名字
J S 1 9 1 1

FIRST VISIT TO MALAYSIA* 第一次来马来西亚*
✓ YES 是 NO 否

TRAVELLING ON PACKAGE TOUR*
✓ YES 是 NO 否

OCCUPATION* 职业*
✓ PROFESSIONAL/TECHNICAL 专业人士/技术人员
SALES/CLERICAL
HOUSEWIFE
MANAGEMENT/ADMINISTRATION
STUDENT/RETURNED
OTHERS 其他

PURPOSE OF VISIT* 来访目的*
✓ HOLIDAY
IN TRANSIT
EMPLOYMENT 工作
BUSINESS 业务
CONFERENCE
EDUCATION
VISIT FRIENDS/RELATIVES
OFFICIAL MISSION
HEALTH
SPORTS
INCENTIVE TRAVEL
OTHERS

ACCOMMODATION DURING STAY*
✓ HOTEL/MOTEL REST HOUSE
RESIDENCE OF FRIENDS/RELATIVES
OTHERS 其他

HAVE YOU EVER USED A PASSPORT UNDER DIFFERENT NAME TO ENTER MALAYSIA? *IF YES, PLEASE STATE
YES 是 ✓ NO 否

ADDRESS IN MALAYSIA 在马来西亚的地址
S W I S S G A R D E N R E
S I D E N C E

SIGNATURE 签名 张三

附图 C-5

海关申报单如附图 C-6 所示。

附图 C-6

4. 新加坡

入境卡如附图 C-7 所示。

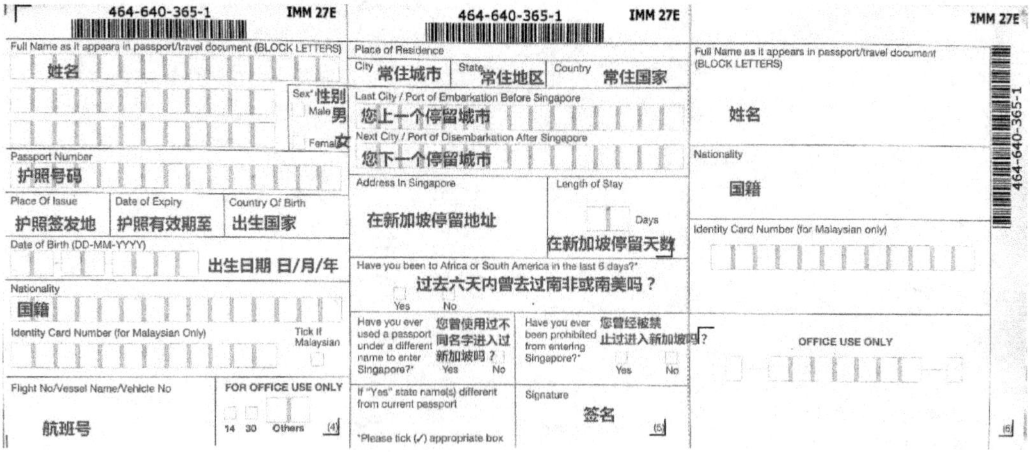

附图 C-7

5. 埃及

入境卡如附图 C-8 所示。

附图 C-8

6. 老挝

老挝的入境卡和出境卡如附图 C-9、附图 C-10 所示。

附图 C-9　　　　　　　　　　附图 C-10

7. 韩国

健康状态调查表如附图 C-11 所示。

■ 검역법 시행규칙 [별지 제9호서식]

건 강 상 태 질 문 서
健康状态调查表 HEALTH QUESTIONNAIRE

성 명(姓名) Name		성 별(性別) Sex	[ ] 남(男) Male [ ] 여(女) Female
국 적(国籍) Nationality		생 년 월 일(出生日期) Birth Date	
여 권 번 호(护照号码) Passport No.		도착연월일(到达日期) Arrival Date	
항 공 기 명(航空名) Flight No.		좌 석 번 호(座位号码) Seat No.	

한국 내 주소(滯留豫定地) Hotel name or Contact address in Korea

(Tel.)

휴 대 전 화(手机番號) Mobile Phone No.

과거 21일 동안의 방문 국가명을 적어 주십시오.
请填写过去二十一天之内停留过的国家。
Please list all countries you have visited in the last 21 days before arrival.

1)	2)	3)

과거 21일 동안에 아래 증상이 있었거나 현재 있는 경우 해당란에 "√" 표시를 해주십시오.
过去二十一天之内或现在如有以下症状请在症状前划「√」。
If you currently have or have experienced any of the following symptoms in the past 21 days, please check everything that applies to you.

[ ] 설사(腹泻) Diarrhea	[ ] 구토(呕吐) Vomiting	[ ] 복통(腹痛) Abnominal pain	[ ] 발열(发烧) Fever	[ ] 오한(寒颤) Chilll
[ ] 콧물 또는 코막힘 (流鼻涕,鼻塞) Runny or stuffy nose	[ ] 기침 (咳嗽) Cough	[ ] 인후통 (咽喉痛) Sore throat	[ ] 근육통 (肌肉酸痛) Muscle pain	[ ] 두통 (头痛) Headache
[ ] 호흡곤란 (呼吸困难) Shortness of breath	[ ] 발진 (起疹) Rash	[ ] 모기물림 (蚊子叮咬) Mosquito bite	[ ] 눈충혈 (眼睛充血) Red eyes	[ ] 기타 (其他) Others

건강상태 질문서 작성을 기피하거나 거짓으로 작성하여 제출하는 경우「검역법」제12조 및 제39조에 따라 1년 이하의 징역 또는 1천만원 이하의 벌금에 처해질 수 있습니다.

写本调查表时,依据「检疫法」第十二条及第三十九条规定,可被判一年以下的徒刑或一千万元(韩币)以下的罚金。

If you make a false statement concerning your health or fail to fill out the Health Questionnaire, you may face a sentence of up to one year of imprisonment in accordance with Articles 12 and 39 of the Quarantine Act or be charged with up to 10 million won in fines.

작성일(Date)   (DD/MM/YYYY)
작성인(Written by)   서명(Signature)

국립제주검역소장 귀하
Director of the Jeju National Quarantine Station
Ministry of Health and Welfare

148mm×210mm (황색지 70g/㎡)

附图 C-11

8. 印度

入境卡如附图 C-12 所示。

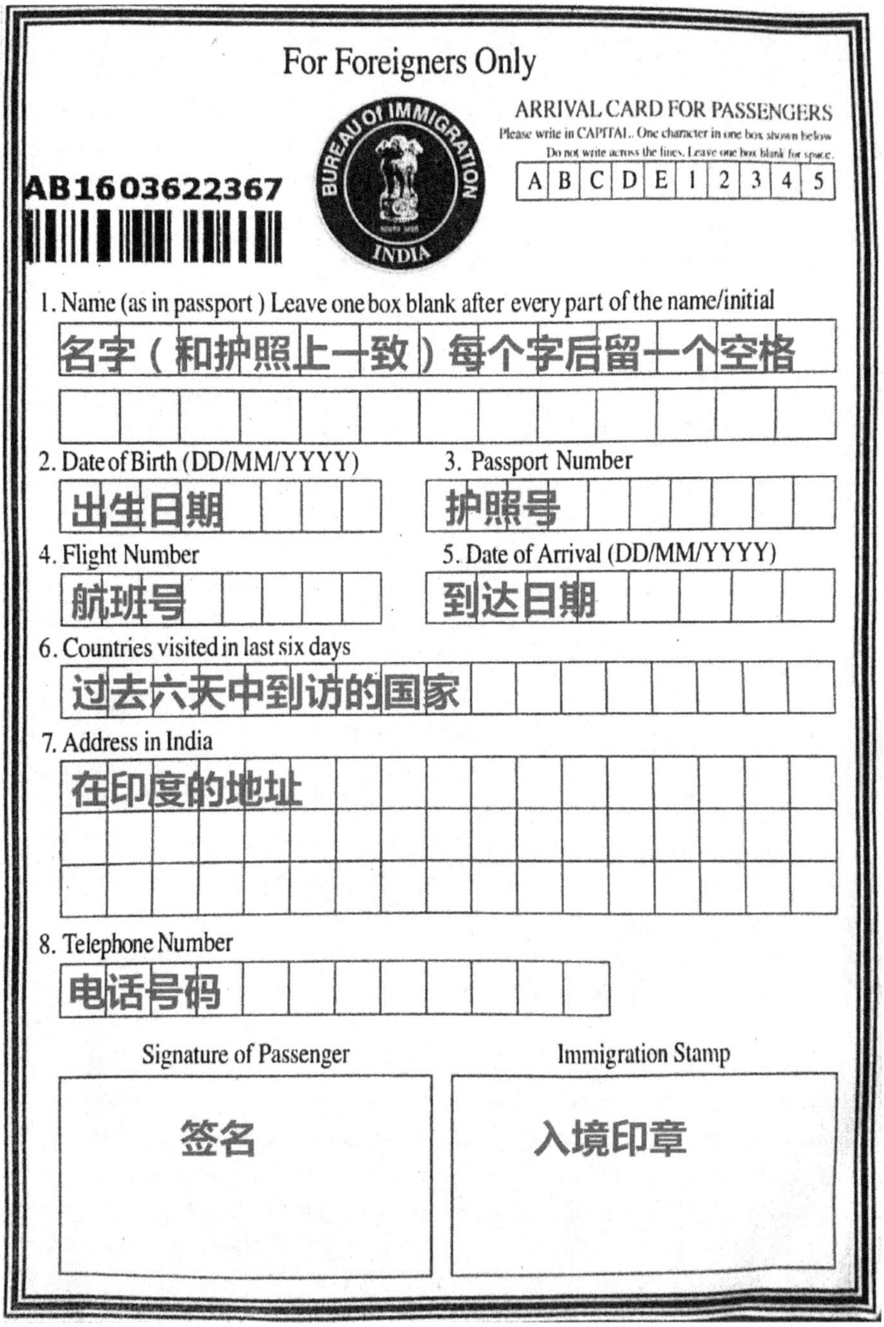
For Foreigners Only

BUREAU OF IMMIGRATION INDIA

AB1603622367

ARRIVAL CARD FOR PASSENGERS

Please write in CAPITAL. One character in one box shown below

Do not write across the lines. Leave one box blank for space.

A B C D E 1 2 3 4 5

1. Name (as in passport) Leave one box blank after every part of the name/initial

名字（和护照上一致）每个字后留一个空格

2. Date of Birth (DD/MM/YYYY)

出生日期

3. Passport Number

护照号

4. Flight Number

航班号

5. Date of Arrival (DD/MM/YYYY)

到达日期

6. Countries visited in last six days

过去六天中到访的国家

7. Address in India

在印度的地址

8. Telephone Number

电话号码

Signature of Passenger

签名

Immigration Stamp

入境印章

附图 C-12

9. 毛里求斯

入境卡如附图 C-13 所示。

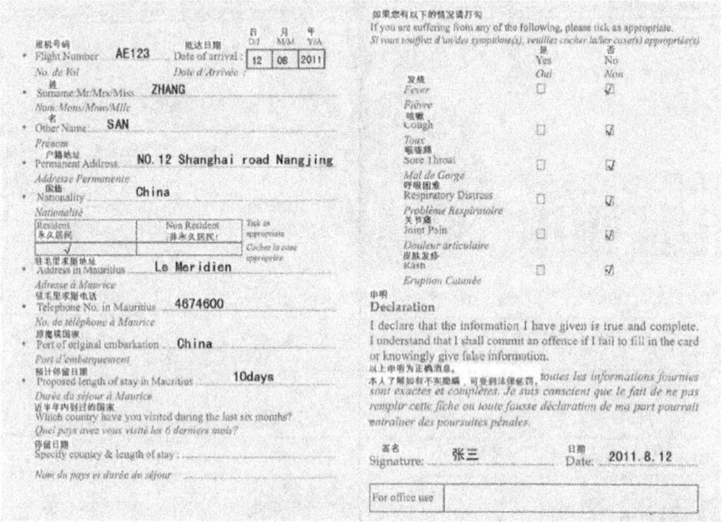

班机号码
Flight Number AE123
No. de Vol
抵达日期
Date of arrival: 日 D/J 12 月 M/M 08 年 Y/A 2011
Date d'Arrivée:
姓
Surname:Mr/Mrs/Miss ZHANG
Nom:Mons/Mme/Mlle
名
Other Name: SAN
Prénom
户籍地址
Permanent Address NO. 12 Shanghai road Nangjing
Addresse Permanente
国籍
Nationality China
Nationalité

Resident 永久居民	Non Resident 非永久居民
√	

Tick as appropriate
Cochez la case appropriée

驻毛里求斯地址
Address in Mauritius Le Meridien
Adresse à Maurice
驻毛里求斯电话
Telephone No. in Mauritius 4674600
No. de téléphone à Maurice
原搭乘国家
Port of original embarkation China
Port d'embarquement
预计停留日期
Proposed length of stay in Mauritius 10days
Durée du séjour à Maurice
近半年内到过的国家
Which country have you visited during the last six months?
Quel pays avez vous visité les 6 derniers mois?
停留日期
Specify country & length of stay:
Nom du pays et durée du séjour

如果您有以下的情况请打勾
If you are suffering from any of the following, please tick as appropriate.
Si vous souffrez d'un/des symptôme(s), veuillez cocher la/les case(s) appropriée(s)

	是 Yes Oui	否 No Non
发烧 Fever Fièvre	□	☑
咳嗽 Cough Toux	□	☑
喉咙痛 Sore Throat Mal de Gorge	□	☑
呼吸困难 Respiratory Distress Problème Respiratoire	□	☑
关节痛 Joint Pain Douleur articulaire	□	☑
皮肤发疹 Rash Eruption Cutanée	□	☑

申明
Declaration
I declare that the information I have given is true and complete. I understand that I shall commit an offence if I fail to fill in the card or knowingly give false information.
以上申明为正确消息。
本人了解如有不实隐瞒，可受到法律惩罚。toutes les informations fournies sont exactes et complètes. Je suis conscient que le fait de ne pas remplir cette fiche ou toute fausse déclaration de ma part pourrait entraîner des poursuites pénales.

签名
Signature: 张三
日期
Date: 2011.8.12

For office use

附图 C-13

10. 肯尼亚

入境卡如附图 C-14 所示。

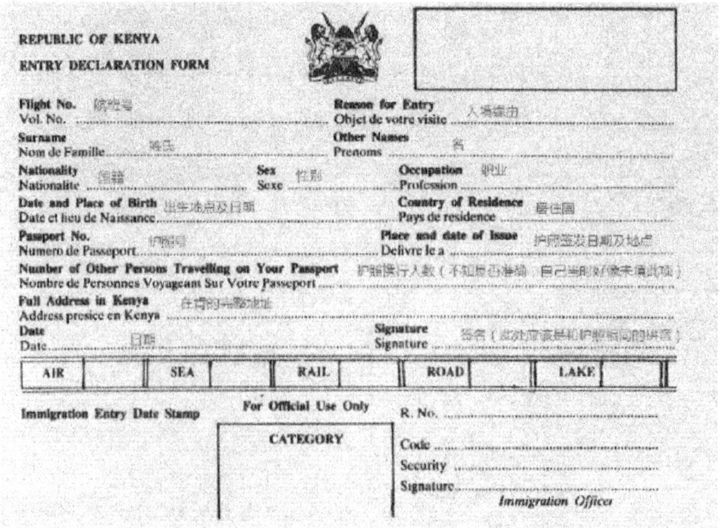

REPUBLIC OF KENYA
ENTRY DECLARATION FORM

Flight No. 航班号
Vol. No.
Reason for Entry 入境缘由
Objet de votre visite
Surname 姓氏
Nom de Famille
Other Names 名
Prenoms
Nationality 国籍
Nationalite
Sex 性别
Sexe
Occupation 职业
Profession
Date and Place of Birth 出生地点及日期
Date et lieu de Naissance
Country of Residence 居住国
Pays de residence
Passport No. 护照号
Numero de Passeport
Place and date of Issue 护照签发日期及地点
Delivre le a
Number of Other Persons Travelling on Your Passport 护照携行人数（不知是否准确，自己当时好像未填此项）
Nombre de Personnes Voyageant Sur Votre Passeport
Full Address in Kenya 在肯的完整地址
Address presice en Kenya
Date 日期
Date
Signature 签名（此处应该是和护照相同的拼音）
Signature

AIR		SEA		RAIL		ROAD		LAKE	

Immigration Entry Date Stamp
For Official Use Only
CATEGORY
R. No.
Code
Security
Signature
Immigration Officer

附图 C-14

11. 阿根廷

入境卡如附图 C-15 所示。

REPUBLICA ARGENTINA 阿根廷共和国 出入境登记卡

EN01 400-212-578-1 EN01

Escribir en IMPRENTA MAYUSCULA / 请用正楷书写

Apellidos / 姓氏

Nombres / 姓名

Nº de documento / 居留证件号码

C.I. 市民证 Pasaporte 护照

D.N.I. 居留证 Otros 其他

Fecha de nacimiento 出生日期 Dia / 日 Mes / 月 Año / 年

Sexo 性别 M 男 F 女

Nacionalidad 国籍 Argentina 阿根延 Bolivia 玻利维亚 Brasil 巴西 Chile 智利 Paraguay 巴拉圭 Uruguay 乌拉圭

Otras

Nombre y Nº de vuelo de salida / Empresa de transporte / N de vehiculo
抵达班机号码 / 航空公司名称

Soltero 未婚 Divorciado 离婚

Casado 已婚 Viudo 寡婚

400-212-578-1

aviso

Los pasajeros ingresados como residentes "TRANSITORIOS" no pueden desarrollar en el pais tareas asalariadas. Quienes violen esta prohibicion, podran ser declarados " RESIDENTES ILE GALES " y obligados a abandonar en plazo perentorio el territorio nacional.

Ud. esta autorizado a permanecer en la Republica Argentina solamente hasta la fecha indicada en esta tarjeta. En el supuesto de exceder el plazo autorizado en la misma sin permiso de las autoridades migratorias, su permanencia en el pais se tornara ilegal.

注意事项

所有以“过境”名义入境旅客，不得在阿根延领土内从事任何形式支薪工作，凡违反此限制者，将可能被判为“非法居留人士”并在相关法律规定时间内强制离开阿根延领土。

您可在本出境卡所规定有效时间内在阿根延领土停留，在逾期情况下，如无移民局书面申请延期，您将成为非法居留。

Firma del pasajero / 旅客签名

附图 C-15

12. 澳大利亚

入境卡如附图 C-16 至附图 C-19 所示。

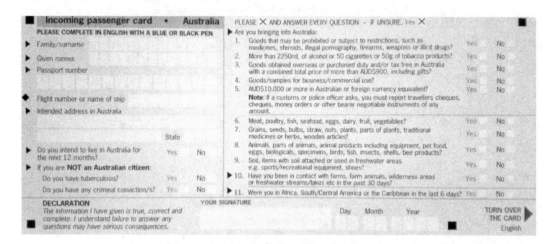

附图 C-16

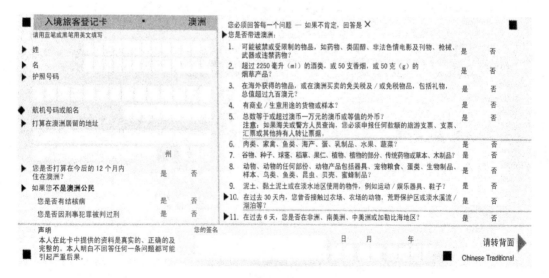

附图 C-17

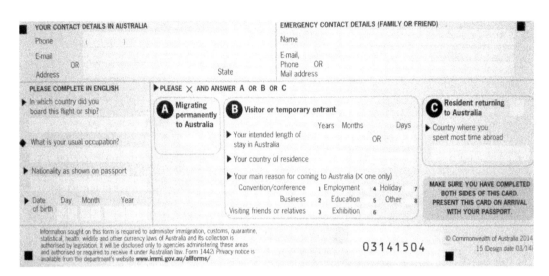

附图 C-18

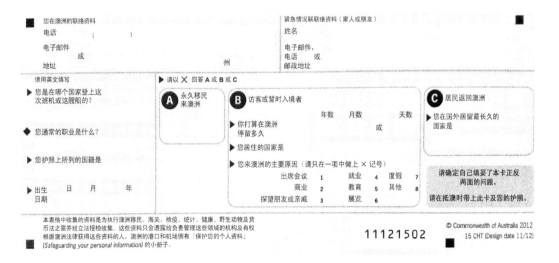

附图 C-19

出境卡如附图 C-20 所示。

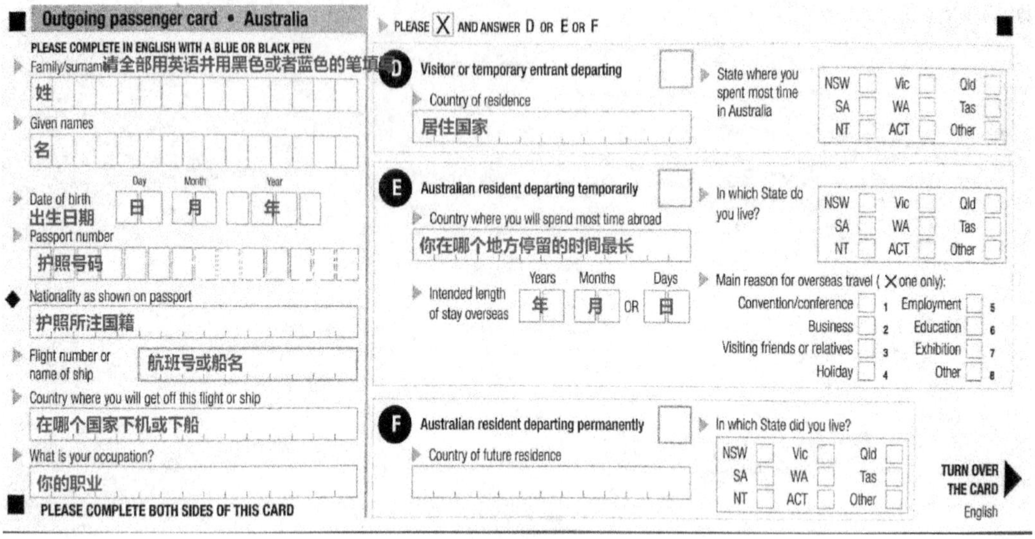

Outgoing passenger card • Australia

PLEASE COMPLETE IN ENGLISH WITH A BLUE OR BLACK PEN

Family/surname 请全部用英语并用黑色或者蓝色的笔填写
姓

Given names
名

Date of birth 出生日期 Day 日 Month 月 Year 年

Passport number
护照号码

Nationality as shown on passport
护照所注国籍

Flight number or name of ship 航班号或船名

Country where you will get off this flight or ship
在哪个国家下机或下船

What is your occupation?
你的职业

PLEASE COMPLETE BOTH SIDES OF THIS CARD

PLEASE X AND ANSWER D OR E OR F

D Visitor or temporary entrant departing
Country of residence
居住国家
State where you spent most time in Australia: NSW Vic Qld SA WA Tas NT ACT Other

E Australian resident departing temporarily
Country where you will spend most time abroad
你在哪个地方停留的时间最长
In which State do you live? NSW Vic Qld SA WA Tas NT ACT Other
Intended length of stay overseas: Years 年 Months 月 OR Days 日
Main reason for overseas travel (X one only):
Convention/conference 1 Employment 5
Business 2 Education 6
Visiting friends or relatives 3 Exhibition 7
Holiday 4 Other 8

F Australian resident departing permanently
Country of future residence
In which State did you live? NSW Vic Qld SA WA Tas NT ACT Other

TURN OVER THE CARD

English

附图 C-20

13. 新西兰

入境卡如附图 C-21 至附图 C-24 所示。

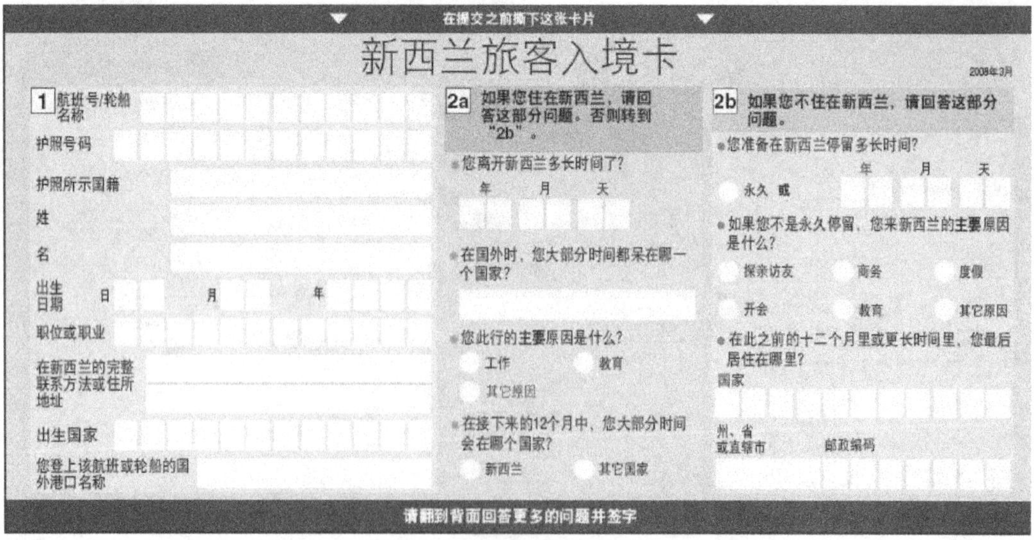

在提交之前撕下这张卡片

新西兰旅客入境卡

2008年3月

1 航班号/轮船名称
护照号码
护照所示国籍
姓
名
出生日期 日 月 年
职位或职业
在新西兰的完整联系方法或住所地址
出生国家
您登上该航班或轮船的国外港口名称

2a 如果您住在新西兰，请回答这部分问题。否则转到"2b"。
• 您离开新西兰多长时间了？ 年 月 天
• 在国外时，您大部分时间都呆在哪一个国家？
• 您此行的主要原因是什么？ 工作 教育 其它原因
• 在接下来的12个月中，您大部分时间会在哪个国家？ 新西兰 其它国家

2b 如果您不住在新西兰，请回答这部分问题。
• 您准备在新西兰停留多长时间？ 永久 或 年 月 天
• 如果您不是永久停留，您来新西兰的主要原因是什么？ 探亲访友 商务 度假 开会 教育 其它原因
• 在此之前的十二个月里或更长时间里，您最后居住在哪里？
国家
州、省或直辖市 邮政编码

请翻到背面回答更多的问题并签字

附图 C-21

附录C 部分国家出入境卡、海关申报单、健康卡填写中英文对照

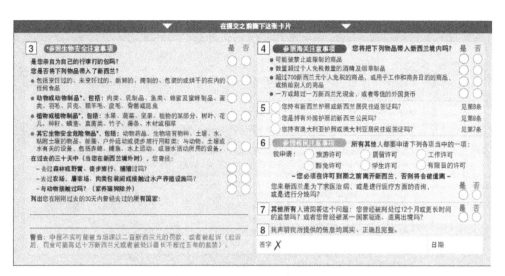

附图 C-22

附图 C-23

3 List the countries you have been in during the past 30 days:

	Yes	No
4 Do you know the contents of your baggage?	Yes	No
5 WARNING: false declaration can incur $400 INSTANT FINE		
Are you bringing into New Zealand:		
• **Any food:** cooked, uncooked, fresh, preserved, packaged or dried?	Yes	No
• **Animals or animal products:** including meat, dairy products, fish, honey, bee products, eggs, feathers, shells, raw wool, skins, bones or insects?	Yes	No
• **Plants or plant products:** fruit, flowers, seeds, bulbs, wood, bark, leaves, nuts, vegetables, parts of plants, fungi, cane, bamboo or straw, including for religious offerings or medicinal use?	Yes	No
Other biosecurity risk items, including:		
• Animal medicines, biological cultures, organisms, soil or water?	Yes	No
• Equipment used with animals, plants or water, including for gardening, beekeeping, fishing, water sport or diving activities?	Yes	No
• Items that have been used for outdoor activities, including any footwear, tents, camping, hunting, hiking, golf or sports equipment?	Yes	No
In the past 30 days (while outside New Zealand) have you visited any wilderness areas, had contact with animals (except domestic cats and dogs) or visited properties that farm or process animals or plants?	Yes	No
6 Are you bringing into New Zealand:		
• **Prohibited or restricted goods:** for example, medicines, weapons, indecent publications, endangered species of flora or fauna, illicit drugs, or drug paraphernalia?	Yes	No
• **Alcohol:** more than 3 bottles of spirits (not exceeding 1.125 litres each) and 4.5 litres of wine or beer?	Yes	No
• **Tobacco:** more than 50 cigarettes or 50 grams of tobacco products (including a mixture of cigarettes and other tobacco products)?	Yes	No
• **Goods obtained overseas and/or purchased duty-free in New Zealand:** with a total value of more than NZ$700 (including gifts)?	Yes	No
• **Goods carried for business or commercial use?**	Yes	No
• **Goods carried on behalf of another person?**	Yes	No
• **Cash:** NZ$10,000 or more (or foreign equivalent), including travellers cheques, bank drafts, money orders, etc?	Yes	No
7 Do you hold a current New Zealand passport, a residence class visa or a returning resident's visa? – If yes go to **10**	Yes	No
Are you a New Zealand citizen using a foreign passport? – If yes go to **10**	Yes	No
Do you hold an Australian passport, Australian Permanent Residence Visa or Australian Resident Return Visa? – If yes go to **9**	Yes	No
8 All others.		
You must leave New Zealand before expiry of your visa or face deportation.		
Are you coming to New Zealand for medical treatment or consultation or to give birth?	Yes	No
Select one I hold a temporary entry class visa (Tick yes if you currently hold a visa, even if it is not attached as a label to your passport).	Yes	
or I do not hold a visa and am applying for a visitor visa on arrival.	Yes	
9 Have you ever been sentenced to 12 months or more in prison, or been deported, removed or excluded from any country at any time?	Yes	No
10 I declare that the information I have given is true, correct, and complete.		

Signature   Date

(parent or guardian must sign for children under the age of 18)

The Privacy Act 1993 provides rights of access to, and correction of, personal information. If you wish to exercise these rights please contact the New Zealand Customs Service on 0800 428 786 or Email: feedback@customs.govt.nz and/or Immigration New Zealand at PO Box 3705, Wellington.

附图 C-24

出境卡如附图 C-25 所示。

New Zealand Passenger Departure Card

Please read the instructions and legal information on the other side of this card.

1. Flight number or name of ship 航班号或船名
2. Departure date 离开日期 day 日 month 月 year 2 0 年
3. Nationality as shown on passport 护照上的国籍
4. Passport number 护照号
5. Date of birth 出生日期 day 日 month 月 year 年
6. Are you, or until today were you, **living, working, or studying in New Zealand** for 12 months or more?
   - yes → go to 7
   - no → go to 13

   到今天为止，你有因为生活工作学习在新西兰呆过一年以上吗？

7. How long will you be away from New Zealand? 你将离开新西兰多久
   years months days **or** permanently 永久

8. Which country will you spend the most time in while overseas?
   你在海外期间哪个国家你会呆得最久

9. What is the **main** purpose of your trip? 你旅行的主要目的是
   - visiting friends / relatives
   - business
   - holiday / vacation
   - conference / convention
   - education
   - other

10. What is your occupation?
    你的职业

11. What country were you born in?
    你出生在哪个国家

12. Please give your residential or contact address in New Zealand.

13. Tick here to declare that you have:
    – **read and understood** the statements on the back of this card
    – given information that is **true, correct, and complete**.

附图 C-25

14. 法国

入境卡如附图 C-26 所示。

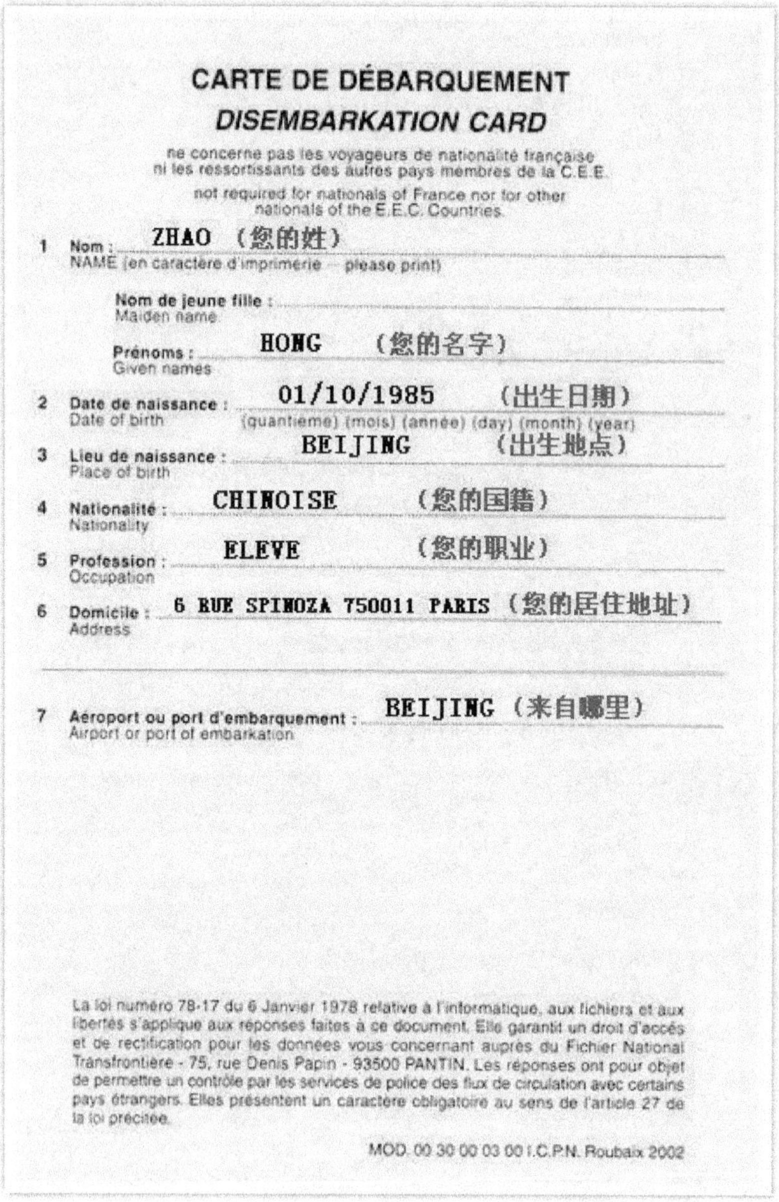

CARTE DE DÉBARQUEMENT

DISEMBARKATION CARD

ne concerne pas les voyageurs de nationalité française
ni les ressortissants des autres pays membres de la C.E.E.

not required for nationals of France nor for other
nationals of the E.E.C. Countries

1 Nom : ZHAO （您的姓）
NAME (en caractère d'imprimerie — please print)

Nom de jeune fille :
Maiden name

Prénoms : HONG （您的名字）
Given names

2 Date de naissance : 01/10/1985 （出生日期）
Date of birth (quantième) (mois) (année) (day) (month) (year)

3 Lieu de naissance : BEIJING （出生地点）
Place of birth

4 Nationalité : CHINOISE （您的国籍）
Nationality

5 Profession : ELEVE （您的职业）
Occupation

6 Domicile : 6 RUE SPINOZA 750011 PARIS （您的居住地址）
Address

7 Aéroport ou port d'embarquement : BEIJING （来自哪里）
Airport or port of embarkation

La loi numéro 78-17 du 6 Janvier 1978 relative à l'informatique, aux fichiers et aux libertés s'applique aux réponses faites à ce document. Elle garantit un droit d'accès et de rectification pour les données vous concernant auprès du Fichier National Transfrontière - 75, rue Denis Papin - 93500 PANTIN. Les réponses ont pour objet de permettre un contrôle par les services de police des flux de circulation avec certains pays étrangers. Elles présentent un caractère obligatoire au sens de l'article 27 de la loi précitée.

MOD. 00 30 00 03 00 I.C.P.N. Roubaix 2002

附图 C-26

15. 英国

入境卡如附图 C-27 所示。

Border Force

LANDING CARD

Immigration Act 1971

Please complete clearly in English and BLOCK CAPITALS
Veuillez répondre en anglais et EN LETTRES MAJUSCULES
Por favor completar escribiendo con claridad en inglés y en MAYÚSCULAS

Family name / Nom / Apellidos
姓

First name(s) / Prénom / Nombre
名

Sex / Sexe / Sexo 性别 ☐ M ☐ F

Date of birth / Date de naissance / Fecha de Nacimiento
D D M M Y Y Y Y
出生日期 日/月/年

Town and country of birth / Ville et pays de naissance / Ciudad y país de nacimiento
出生城市

Nationality / Nationalité / Nacionalidad
国籍

Occupation / Profession / Profesión
职业

Contact address in the UK (in full) / Adresse (complète) au Royaume-Uni / Dirección de contacto en el Reino Unido (completa)
在英国的住址

Passport no. / Numéro de passeport / Número de pasaporte
护照号码

Place of issue / Lieu de déliverance / Lugar de emisión
签证地点

Length of stay in the UK / Durée du séjour au Royaume-Uni / Duración de su estancia en el Reino Unido
在英国停留时间

Port of last departure / Dernier lieu de départ / Último punto de partida
最后出发地点

Arrival flight/train number/ship name / Numéro de vol/numéro de train/nom du navire d'arrivée / Número de vuelo/número de tren/nombre del barco/de llegada
到达英国的航班

Signature / Signature / Firma
签名

IF YOU BREAK UK LAWS YOU COULD FACE IMPRISONMENT AND REMOVAL
SI VOUS ENFREIGNEZ LES LOIS BRITANNIQUES, VOUS VOUS EXPOSEZ À UNE PEINE D'EMPRISONNEMENT ET LA DÉPORTATION
SI INFRINGE LAS LEYES DEL REINO UNIDO PUEDE TENER QUE AFRONTAR ENCARCELAMIENTO Y ALEJAMIENTO

CAT	-16	CODE	NAT	POL

For official use / A usage officiel / Para uso oficial

附图 C-27

16. 斯里兰卡

出境卡如附图 C-28 所示。

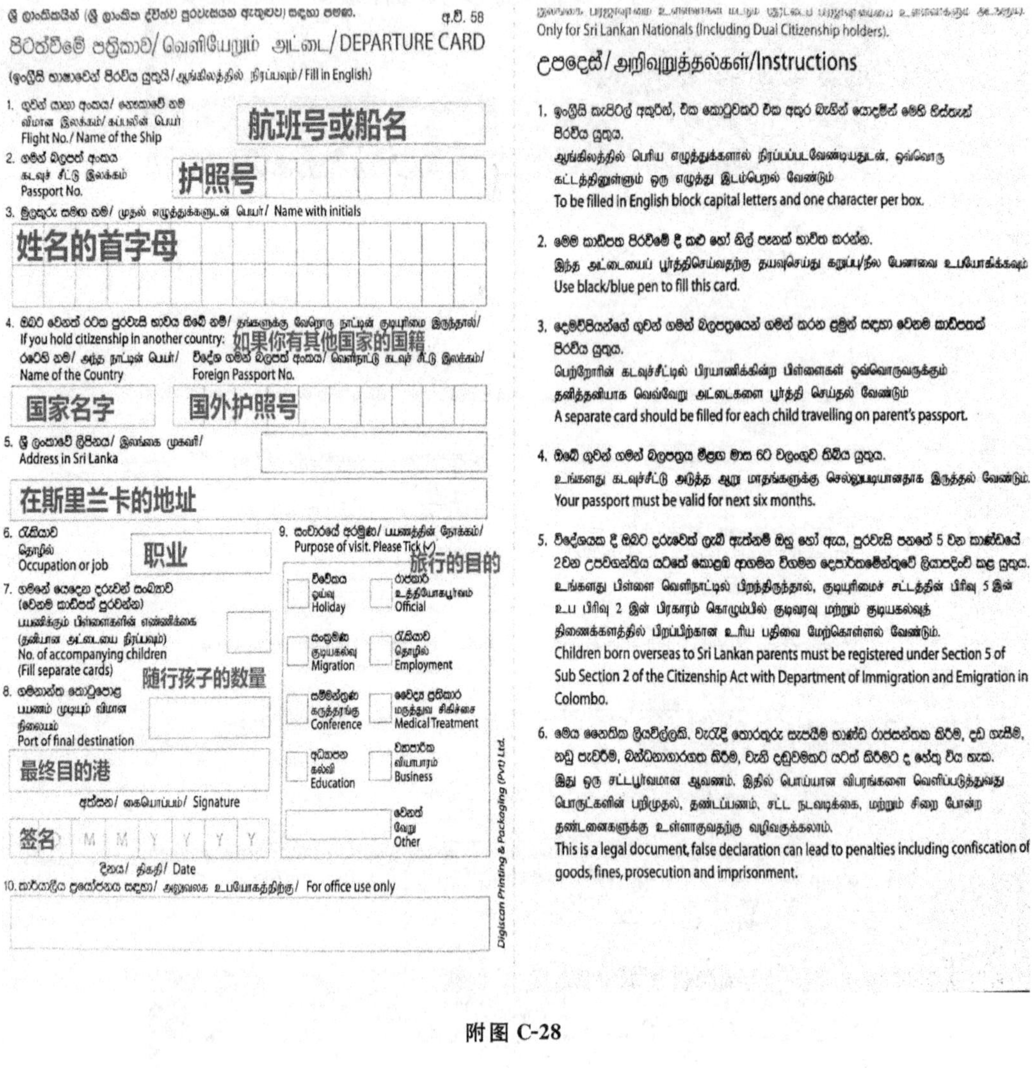

附图 C-28

17. 日本

入境卡如附图 C-29 所示。

外国人入国記録 DISEMBARKATION CARD FOR FOREIGNER 外国人入境记录卡 【ARRIVAL】

英語又は日本語で記載して下さい。Enter information in either English or Japanese. 请用英语或日语填写

氏　名 Name 姓名	Family Name 姓的拼音		Given Names 名的拼音
生年月日 Date of Birth 出生年月日	Day 日　Month 月　Year 年	現住所 Home Address 家庭住址	国名 Country name 国名　都市名 City name 城市名
渡航目的 Purpose of visit 入境目的	□ 観光 Tourism 旅游　□ 商用 Business 商务　□ 親族訪問 Visiting relatives 探亲 □ その他 Others 其他 (　　)	航空機便名・船名 Last flight No./Vessel 抵达的航班号・船名 日本滞在予定期間 Intended length of stay in Japan 预定停留期间	
日本の連絡先 Intended address in Japan 日本的联系地址	TEL 电话号码		

裏面の質問事項について、該当するものに☑を記入して下さい。Check the boxes for the applicable answers to the questions on the back side.
对反面的提问事项，若有符合的请打勾

1. 日本での退去強制歴・上陸拒否歴の有無 Any history of receiving a deportation order or refusal of entry into Japan 在日本有无被强制遣返和拒绝入境的经历	□ はい Yes 是　□ いいえ No 否
2. 有罪判決の有無（日本での判決に限らない） Any history of being convicted of a crime (not only in Japan) 有无被判决有罪的记录（不仅限于在日本的判决）	□ はい Yes 是　□ いいえ No 否
3. 規制薬物・銃砲・刀剣類・火薬類の所持 Possession of controlled substances, guns, bladed weapons, or gunpowder 持有违禁药物、枪炮、刀剑类、火药类	□ はい Yes 是　□ いいえ No 否

以上の記載内容は事実と相違ありません。I hereby declare that the statement given above is true and accurate. 以上所填内容属实无误。

署名 Signature 签名

附图 C-29

18. 尼泊尔

出境卡如附图 C-30 所示。

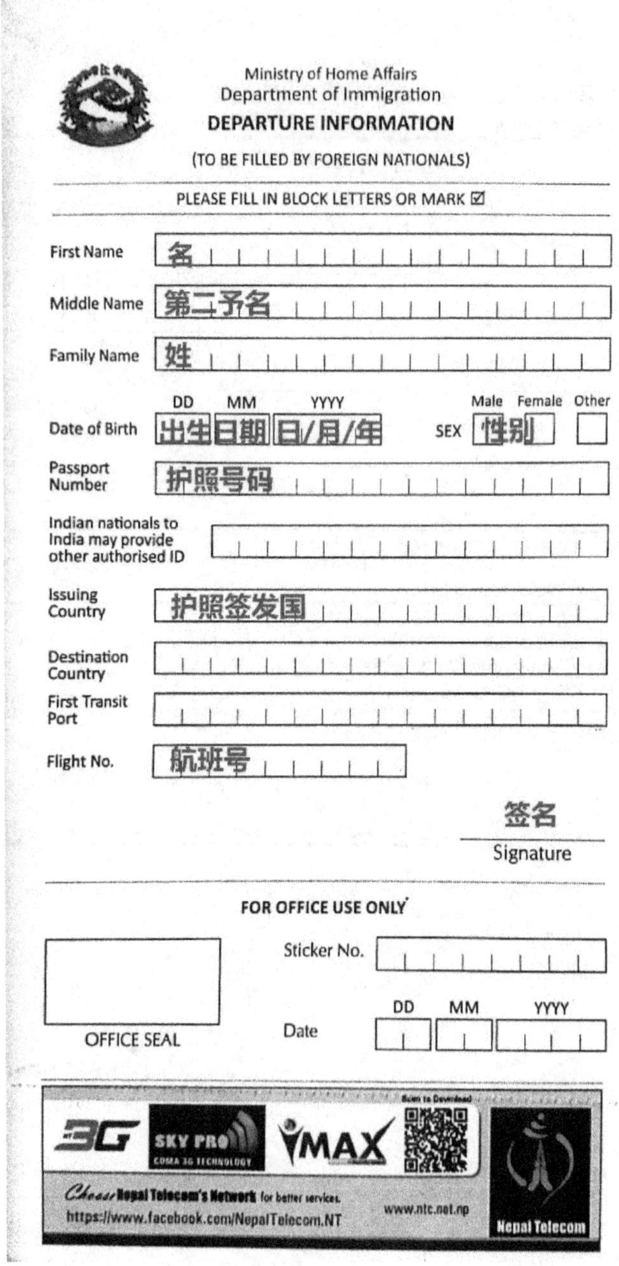

附图 C-30

19. 柬埔寨

健康卡如附图 C-31 所示。

附图 C-31

参考文献

[1] 王健民.出境旅游领队实务[M].5版.北京:旅游教育出版社,2016.

[2] 北京市旅游局.出境旅游领队实务[M].北京:旅游教育出版社,2002.

[3] 曹银玲.出境领队实务[M].2版.北京:旅游教育出版社,2016.

[4] 中华人民共和国国家质量监督检验检疫总局.GB/T 31386—2015 旅行社出境旅游服务规范.2015.

[5] 领队实用英语.[EB/OL].(2018-1-9).https://wenku.baidu.com/view/a87d47a60029bd64783e2cb6.html.

教学支持说明

一流高职院校旅游大类创新型人才培养"十三五"规划教材。

为了改善教学效果,提高教材的使用效率,满足高校授课教师的教学需求,本套教材备有与纸质教材配套的教学课件(PPT 电子教案)和拓展资源(案例库、习题库、视频等)。

为保证本教学课件及相关教学资料仅为教材使用者所得,我们将向使用本套教材的高校授课教师免费赠送教学课件或者相关教学资料,烦请授课教师通过电话、邮件或加入旅游专家俱乐部 QQ 群等方式与我们联系,获取"教学课件资源申请表"文档并认真准确填写后发给我们,我们的联系方式如下:

地址:湖北省武汉市东湖新技术开发区华工科技园华工园六路

邮编:430223

电话:027-81321911

传真:027-81321917

E-mail:lyzjjlb@163.com

旅游专家俱乐部 QQ 群号:306110199

旅游专家俱乐部 QQ 群二维码:

群名称:旅游专家俱乐部
群　号:306110199

教学课件资源申请表

填表时间：_____年___月___日

1. 以下内容请教师按实际情况填写，★为必填项。
2. 学生根据个人情况如实填写，相关内容可以酌情调整提交。

★姓名		★性别	□男 □女	出生年月		★职务		
						★职称	□教授 □副教授 □讲师 □助教	
★学校				★院/系				
★教研室				★专业				
★办公电话		家庭电话				★移动电话		
★E-mail（请填写清晰）						★QQ号/微信号		
★联系地址						★邮编		

★现在主授课程情况	学生人数	教材所属出版社	教材满意度
课程一			□满意 □一般 □不满意
课程二			□满意 □一般 □不满意
课程三			□满意 □一般 □不满意
其他			□满意 □一般 □不满意

教材出版信息						
方向一		□准备写	□写作中	□已成稿	□已出版待修订	□有讲义
方向二		□准备写	□写作中	□已成稿	□已出版待修订	□有讲义
方向三		□准备写	□写作中	□已成稿	□已出版待修订	□有讲义

请教师认真填写表格下列内容，提供索取课件配套教材的相关信息，我社根据每位教师/学生填表信息的完整性、授课情况与索取课件的相关性，以及教材使用的情况赠送教材的配套课件及相关教学资源。

ISBN（书号）	书名	作者	索取课件简要说明	学生人数（如选作教材）
			□教学 □参考	
			□教学 □参考	

★您对与课件配套的纸质教材的意见和建议，希望提供哪些配套教学资源：